「伝える」のプロが
フリーランスで30年間
やってきたこと

次につながる対話力

フリーキャスター
木場弘子

SDP
STARDUST PICTURES

はじめに

心と心をつなぐ、真のコミュニケーションのために

私のキャリアは、37年前にTBSにアナウンサーとして入社したところから始まりました。以来、常に「話す」ことを仕事としてきましたが、不思議と「初の！」という形容詞に縁があります。

TBSでは、初の女性スポーツキャスターに。そして、千葉大学では、民放の女性アナウンサー出身者としては初の国立大学講師に。今、お世話になっている企業では初の女性社外役員に、などなどです。

1992年に結婚を機にTBSを退社し、その後はフリーランスとして活動をして参りました。現在は、講演やシンポジウム、対談、インタビューなどの仕事がメインとなっています。とにかく、ご依頼いただく仕事は断らず、1回はやってみるのがモットーのため、40代からは国の会議にも多数参加させていただき、有り難いことに12もの省と庁で委員を務めさせていただきました。

「初の」が多いということは、お手本が無いので手探りで進んで行かねばなりません。その分、人に教えを請うたり、また、自分なりの新たなスタイルをご理解いただくために常に周囲とコミュニケーションを取る必要に迫られた面もありました。

また、フリーという立場は、大げさに言うと自分だけが頼りであり、仕事は孤独で責任は自分に直接かかってくるものです。対象者（聴講者）やクライアント、製作の方に満足していただけなければ次は無く、結果を出さなければなりません。そのためには、しっかりとしたコミュニケーションを取って、これらの方々との関係を円滑にすること。それによって、何倍もの力を発揮する可能性もあると考えています。

そういった良い形で様々な方と手をつなぎ、自分の可能性を広げていけるのもコミュニケーションの魅力であり、対話をする醍醐味だと思っています。

ところが、コミュニケーションとは意外に難しいものです。あなたが話す時、必ずその先には、その言葉を受け止める人がいます。しかしながら、それがしっかり伝わらず、ガッカリした経験はありませんか？　反対に、聞き手として、相手の言うことがどうもよくわからない、腑に落ちないという経験もおありでしょう。

それは、どこに原因があるのかと考えると、相手の声の大きさだったり、滑舌だったり、という聞き取りにくさによるもの。よく聴こえたとしても、具体的なイメージが浮かばない、主旨が掴めない、など内容自体がよくわからない場合。私も「伝える」ことを生業としてから、この難しさを乗り越えるために、日々、反省を繰り返しながら進んできました。

対話というコミュニケーションの魅力は、それぞれの言いたいことがしっかりと伝わって、互いの間で新たな価値を生み出し次のステップへ一緒に進める共同作業だと思っています。

遠い昔、私はＴＢＳの新人研修でよくこう言われました。

「ニュースは、読んで終わりじゃない。その言葉が相手に伝わって、初めて君は仕事をしたことになるんだよ」

たとえそれが無機質なテレビカメラに向かう時でも、その先の視聴者に思いを馳せなければならない、ということです。この言葉が今も私の中に強く残っていて、この30年余り、仕事と向き合ってきたように思います。

出版の「ご縁」と、この本が目指すもの

さて、素敵なコミュニケーションにはきっかけとなる「ご縁」があります。「人生は、運と縁とタイミング」。私が講演等で常々使う言葉です。皆さんもきっと、「ああ、あ

の時、あの人に会っていなかったら」、「あのタイミングであのプロジェクトを任されていなかったら」など、思い当たる出来事がたくさんおありだと思います。齢を重ねるほど実感が湧く言葉です。仕事をする上でも、こうしたご縁を引き寄せることはとても重要です。そして、そのためには気持ちの良いコミュニケーションが必要になります。実は、この本もそういうご縁から始まりました。

その日は、旧知の男性の会社でアポイントメントがありました。そこで、彼の先客として来ていた出版関係の女性と、ほんの短時間お話しする機会があったのです。おそらくほんの15分とか20分とか。後日「あの時に伺った木場さんのお話がとても興味深く、ぜひ〝コミュニケーション〟の書籍をつくりたいと思っております」と、大変有り難いお申し出があり驚きました。もちろん、素直にお受けして、こうして皆さんとこの本を通じて交流するご縁をいただいたわけです。

ただ、有り難いお声がけとは感じつつ、世の中の皆さん、特にこの本が対象と考えている読者、ビジネスパーソンの方たちが、コミュニケーションのどんな点に興味があり、知りたいと感じているのか？　また、私のこれまでの経験がどれほどお役に立てるのか？　その点については全く未知数で、何をお話しすべきかが具体的にすぐには見えてきませんでした。そこで、まずは出版のプロである彼女と製作スタッフの皆さんから世の中が何を求めているのかを伺った上で、どんどん私に質問をぶつけていただく形式を取り、Q&Aで進めていただくことにしました。そうしたライブ感のある方法のほうが、私自身の考えや経験をストレートに出せると考えたのです。

実際、質問に対する私の答えを聞いて、製作スタッフの皆さんが思いがけず大きなリアクションを示されることが多く、「ここに、そんなに反応するの？」とこちらが驚き、発見につながったことも一度や二度ではありません。私が日常、何気無く習慣にしていること、対話の際に心掛けていることが、「それ、とっても勉強になります！」「すぐ、試してみます！」と喜んでもらえる姿を見て、読者の皆さんのお役に立てるかもしれない、と嬉しくも思いました。

3年以上にも及んだコロナ禍が収束し、人と人が会って話す機会が増えた昨今、その喜びを感じる声が多い半面、長期に渡る自粛のために「話す」こと自体を苦手に感じたり、互いの気持ちが通じ合わず戸惑いを覚えたりするビジネスパーソンも、少なくないと聞きます。この本の打ち合わせの席でも、そうした困った点、不安に感じる場面について多くの例を伺い、コミュニケーションと対話の重要性を改めて痛感いたしました。

この本の製作を通じて、大事にしたのは単に「伝える」という一方通行に終わらないこと。受け取る相手に「伝わる」ことを第一にした双方向性です。相互に「伝え、伝わる」コミュニケーションの実現により、互いの間に良い変化、関係性の〝ケミストリー〟が少しでも生まれること。それが、この本の目指すコミュニケーションのあり方だという点を、まず初めに強調したいと思います。

コミュニケーションの原点は、オスロでの子ども時代

私が、コミュニケーションの重要性を認識したのは意外に早く、小学生の頃です。というのも、生まれてから10歳までの間、父の仕事で7回もの転居があり、どこへ行っても「転校生」の私は、子ども心にも上手くコミュニケーションを取っていち早くその場に「馴染む」必要があったのです。

実際、当時は今以上に均一性を好む日本の学校は、異質な相手には排他的だと肌身で感じました。学校に上がってすぐに教科書を音読した際、それまで気づかなかった訛《なま》り（両親そろって四国出身だったこともあり、我が家の〝公用語〟は四国弁でした）をクラスの子、先生にまで笑われて「絶対、人前でなんか話すもんか！」と殻をつくってしまったものです。

そんな私に、さらなる試練が訪れます。小2の夏、父の赴任先であるノルウェーの

オスロに移り住むことになったのです。今や日本の皆さんにも親しみ深い北欧ですが、当時は在住日本人も僅かだったため日本人学校などありません。否応なくブリティッシュスクールに入れられた私は、同じように親の転勤で集まった各国の子どもたちと共に「英語」で授業を受けることに。しかし、最初はまるで理解不能。学校に行っても周囲が何を言っているのかわからず、一日中ひたすら座り続ける……誰ともコミュニケーションが取れない、人生で最もつらく、孤独を味わった時期でした。

そんな中でも、子どもながらに必死で身振り手振りを使い、またある時は絵を描いたりすることで自分の思いが伝わった時の感動は忘れられません。最後は、みんなに「通りゃんせ」や「かごめかごめ」を伝授するに至りました。

その幼い経験を通じ「人は皆違う」からこそ、相手を認め、自分をわかってもらう努力が必要だということに気づけたのかもしれません。

相手をわかろうとする心と、相手にわかってもらおうとする心。私にとってのコミュニケーション、対話の原点はそこにあった気がします。

コミュニケーションの怖さ、奥深さを知る

子ども時代のつらい、しかし大きな発見につながった経験のおかげで、大人になっ

てTBSに入社した頃の私は誰かと話すことに、喜びと目標を感じるまでになっていました。入社当時の目標は、何と『徹子の部屋』ならぬ『弘子の部屋』をつくってほしい！という大それたもの（笑）。採用試験を受けた年が男女雇用機会均等法の〝元年〟だったこともあり、それまで局に一人もいなかった女性のスポーツキャスターに抜擢されたのも、運と縁とタイミングだったのでしょう。

入社2年目にやってきた初めてのインタビューの機会、張り切っていた私は、そこでどん底に突き落とされるような大失敗をします。

その相手は、大きな怪我から復帰したばかりの個人競技のアスリート。順風満帆な選手生活を送っていた中、両膝の手術をし1年間のリハビリ生活を経てやっとの思いで復帰。しかし、その試合では、膝に痛みを感じ途中棄権を。その翌月の彼の試合を私は担当したのです。彼の対戦相手はかなりの格上で、誰もが一方的なゲームになると思っていました。ところが、戦前の予想はどこへやら、「これは勝てるかもしれない」と初のインタビュー原稿を、彼が勝った前提でつくり始めたほどでした。結果は、惜敗も惜敗、実に悔しい負け方でした。若いディレクターに「木場ちゃん、走れ！　これ原稿」とインタビュー用のメモを手渡され、単独インタビューに走りました。

そして、第一声、「ホンットに惜しかったですねぇ。私は勝った前提でインタビューを考えてしまいました」と本心からお声がけすると、「悔しいです……」とひと言言うなり、おいおいと泣き出してしまったのです。文字通り号泣でした。

私は、何とか落ち着かせてあげようと、淡々と試合を振り返るようにしました。やがて落ち着きを取り戻した彼は、最後は「今日はとても残念でしたが、また次回頑張りますので、応援よろしくお願いいたします！」と爽やかに締めくくってくれました。インタビュー後、ディレクターからは、「木場ちゃん、どうして泣かせておかないの？　視聴率が稼げたのに」と注意を受けました。それは、反省点としましたが、実はそこにはもっと大きな失敗が隠されていたのです。

私はその足で、次のゲームの取材に向かって、その後の彼の共同記者会見の模様は見られませんでした。そのため、深夜に自宅で確認することに。すると、彼は、また泣き崩れていたのです。「ああ、また号泣してしまったのね」と思いつつ、彼のコメントに耳を澄ませた私は愕然としました。それは、あの涙の意味です。私は〝悔し涙〟と疑いませんでしたが、実際にはそれは〝嬉し涙〟だとわかったのです。

スポーツ選手にとって、身体にメスを入れるというのは大変なことで、いくら名医と言われる先生に手術してもらったとしても、元の自分に戻れる保証はありません。現役時代に肘を手術した夫（元中日・与田剛投手）も同じでした。毎日、それはそれは地道なリハビリが続き、結果の見えないトンネルの中を彷徨《さまよ》っているようでした。その期間の選手は怪我と闘っているようで、過去の自分の栄光と闘っているように見えます。彼もきっと「また、元の自分に戻れるのだろうか」と毎日、毎日、何百回と自分に問うてきたはずです。

そして迎えた復帰戦は、脚が思うように動かず途中棄権。さぞや落胆したことでしょう。それが、次の大会、そう、この大会で脚に何の不安もなく走り切れた。「確かに負けたけど、勝った負けたなんてどうでもいい、元の自分に戻れたんだ。やったー‼」という嬉し涙だったわけです。

正直、打ちのめされました。選手の背景に思いを馳せられなかったこと、嬉しさに気がつけなかったこと。しばらく、テレビの画面を見つめたまま茫然。自分はこのままスポーツキャスターを続けていいのだろうかと悩みもしました。

この悲惨なデビュー戦を通じて、私の胸に強く強く甦ったのは「コミュニケーションはやはり〝心〟だ」という、幼い日にオスロで感じた、わかってほしい、わかりたい、という原点の気持ちでした。相手を慮る心が無ければダメ、決めつけたり、自分の言いたいことを押しつけたりするのでは、誰にも何も伝わらないことを徹底的に気づかされ、その後の自分の仕事における基本となった気がします。コミュニケーションの重要性を再認識した忘れられない出来事です。そして、その基本はＴＢＳを退社後、フリーとなって30年余りが経った今も少しも変わっていません。

コミュニケーションを味方につけて得た喜び

円滑にコミュニケーションを取ることによって、本当にたくさんの良い経験をさせていただきました。環境やエネルギー関連では何よりも現場へ足を運ぶことを第一にし、これまでに70以上のインフラ施設を訪れ、〝日本で一番ヘルメットを被っている女性キャスター〟として記録を更新中です(笑)。また、キャリアのスタートであるスポーツについても、プロ野球で新球場ができれば足を運んで12球団制覇？に努めています。仕事を通じて、47都道府県全てに行けたのも嬉しい経験です。皆さんとの素晴らしいコミュニケーションのお陰で成し得たことです。

こんな日常について、ある時、知人から1週間の予定を聞かれた際、「昨日は千葉大学で講義、今日は名古屋で化粧品会社のモデルさんとファッショントーク、明日は京都で噺家さんと前立腺がんのシンポジウム、翌日はテレビのコメンテーター、続いて週刊誌のエネルギー関連取材で……」と挙げたのに対し、「へぇー、ファッションからエネルギー、医療まで幅広いねぇー。キバヒロコ改め幅広子にしたら」と有り難いあだ名まで頂戴し、私のブログは「木場弘子の幅広通信」とさせていただきました（笑）。

一方、私は多くの人が言う通り「サザエさん」のような失敗を、しょっちゅうしでかす慌て者です。ある時など、総理官邸での会議に出席するため、東京駅からタクシーに乗ったものの、財布を忘れて大弱り。官邸前で事務局の方から借金をするなど、お恥ずかしい失敗は枚挙にいとまがありません。そのため、お詫びのためのコミュニケーションも必須となっております（笑）。

本書は、このような私が提案する「伝え、伝わる」対話のコミュニケーションのための一冊です。目指すのは「小手先」の話し方の技術に終わらず、「心と心」が通じ合うための基礎となる考え方をお伝えすること。書店に多い「すぐに使える」「簡単！」「サルでも」という類書とは違いますが、繰り返し読んでいただき、その度に新しい発見をしていただければと思います。そうすることで、何年先も心強い相談相手になる内容を心掛けました。

この本との出会いが、皆さんにとっての良き「運と縁とタイミング」へとつながって下されば、これほど嬉しいことはありません。

木場弘子

Contents

Chapter 2

いざ、話す前にこれだけは準備しておきましょう

Chapter 3

話そうとすると緊張する、その原因はここにあります

Chapter
4

ちょっとした工夫で、言いたいことはしっかりと伝わります

Chapter 5

ピンチの時、この話し方があなたを助けます

Chapter 6

対話の後も、コミュニケーションは続きます

Epilogue

話し方を変えれば、人生にもきっと良い変化が

編集・構成　入澤誠
ブックデザイン　小口翔平＋畑中茜＋青山風音（tobufune）

Prologue

話し方は、そのままあなたの生き方です

基本にあるのは「伝える心」

Q

話す、書く——この2つは、全てのコミュニケーションの基本になると思います。これらを磨くため、この本が最も重視する点はどこでしょうか？


この本を通じて、皆さんとはできるだけ多くの発見や気づきを共有していきたいと思っていますが、中でも一番最初にお伝えしておきたいのは——

コミュニケーションの基本、それは全て〝心の姿勢〟次第。

——という点です。

コミュニケーションとは、人と人との間で情報や考えを伝え合うことを指します。これには言葉やジェスチャー、表情、または書面でのやり取りなど、様々な方法が含まれます。意思の疎通や情報共有、関係構築などのためには不可欠な活動です。この本では、そのうちの「話すこと」と「聞くこと」を中心に、他者とのより良い関係構築を目指したいと考えています。私の場合、話すというのは講演やシンポジウム、インタビュー取材などが主な仕事になります。さらに、40代以降は政府の会議や企業の役員会などで発言する機会も多くなりました。もちろん日常生活での家族や友人、近所の方々との何気ない会話も大切です。

あらゆるコミュニケーションには必ず対象となる相手がいます。にもかかわらず、多くの場合、私たちは自分の「話すこと」に精一杯で、その先の受け手のことを、ついつい忘れてしまうのですね。

そのために、コミュニケーションはしばしば〝一方通行〟になりがちで、折角話したのに、中身が十分に伝わらない。そうなると、それぞれの理解はすれ違い、無用な誤解が生じて関係が悪くなることもあります。

そこで、先ほど挙げた「コミュニケーションの基本、それは全て〝心の姿勢〟次第」という点が大切になってくる、というのが私の考えです。

この場合、心の姿勢というのは「話すこと」「聞くこと」の全てにおいて、相手の存在を常に意識すること、と言い換えてもいいでしょう。自分から発せられた言葉は、それを受け取る相手に伝わって初めてひとつのコミュニケーションが成立するという真理を、いつも心にとめておいてほしいと思うのです。

最近よく使われる「アサーティブ（assertive）」という言葉をご存じでしょうか？ もともとは「自己主張すること」という意味で、心理学的な側面から研修や人材育成の分野に活かされている考え方ですが、ここで言う自己主張とは自分の主張を一方的に述べることではなく、相手を尊重しながら適切な自己表現を行うことを指しています。そこで求められるのは「誠実」「対等」「率直」「自己責任」の4つの柱であり、これによって成り立つアサーティブこそが、お互いを尊重しながら意見を交わすコミュニケーションの理想の姿。この本が目指す「対話」のあり方に、通じるところが多いと思われます。

一方、コミュニケーションや話し方についての本というと、話す速度やきれいな滑舌、評価の上がる会話のフレーズといった、ノウハウやテクニックを謳ったものをよく目にします。しかし、そうしたテクニックにばかり気を配ったとしても相手のことを考えないままでは、単なる小手先の技術に終わってしまう可能性もありますよね。私自身、仕事柄、そうしたテクニックも必要だと十分認識しておりますが、技術以前に相手への思いやりを前提にした「心の姿勢」を磨くことが大切であることを様々な場面で痛感しています。

まずは話し、聞く——すなわち「対話」をする相手に思いやりを持ち、しっかり伝えたい、きちんと受け止めたいという姿勢を自分のものにしていきましょう。そうすれば、テクニックもノウハウも本当の意味で〝血や肉〟となって、いつの間にかコミュニケーション上手になっている自分に驚くことになるかもしれません。

心の姿勢を大切に——なるべく早く、深く、相手と打ち解けて、リラックスした中で、のびのびとコミュニケーションが取れるよう、この本で気軽に一歩を踏み出してみて下さい。

To step up!

テクニック以前の「相手にしっかり伝えるために」という〝心〟の部分を考えましょう。

Q ノウハウより伝わる対話を模索する

「話し方」の本はたくさんありますが、書かれたノウハウを読んでも思うようにいかない、という声を聞きます。木場さんはどうしてだと思われますか？

より良いコミュニケーションをしようとする際、ノウハウやテクニックの前に「心の姿勢」を、ということをお話ししましたが、その点をもう少し深く掘り下げてみましょう。

皆さんに「コミュニケーション力のある人は、どんな人でしょう?」と質問をすると、「淀みなく、噛まずにスラスラと〝立て板に水〟で話せる人」と答える方が多いですね。確かに「流暢に話せる」というのは、ひとつの重要な要素かもしれません。

ただ、皆さんはこんな経験をしたことはないでしょうか?

プレゼンテーションの場やセールス、お客様対応の現場などで、とにかくスラスラと流れるように話してはいるけれど、あまりに流暢過ぎて、かえって頭に残らずに聞いたそばから忘れてしまう。特に専門的な内容の場合、相手のスピードが速過ぎて脳が追い付かず、「うーん、それってこういうことかしら?」と理解しようとするうちに、話し手はもうずっと先に行ってしまって、こちらは置いてけぼり。少なくとも、私はよくあります。

これが同業者同士の丁々発止のやり取りであれば、それはあってもいいでしょう。しかし、聞き手の知識レベルを考えないマシンガントークというのは、相手への思いやりを欠いていて感心できません。このように、一般的にテクニックやスキルがあるという場合でも、聞き手にとって「伝わらない」トークはしばしばあり得ること。ご本人は見事な滑舌、一瞬たりと噛むことの無い、流れるようなトークにご満足かもしれませんが、傍から見て「自分の話し方に酔ってるんじゃない?」なんて思われては残念です。

実際、私が新人アナウンサーだった頃、先輩から「木場さんは自分が気持ちいいように読んでるよね?」と、正にこの点を注意されました。どういうことか。まず、自分だけということは、聞き手は気持ちが良くないということを指しています。自分の話しやすいスピードで話し、苦しくなる前に息継ぎをして文章をプツンと区切り、単調な自分のリズムを繰り返す。本来は、受け手が聞き取りやすく、しっかりと意味が通じること、互いの「伝え、伝わる」関係を第一優先にすべきところを、自分の楽さばかりを優先していたのですね。独りよがりだったわけです。

たとえば、スラスラと話し続けている途中に、一瞬止まって「ここまでの説明で、わからない点はございませんか？」とひと言かければ、相手は自分への心遣いや優しさを感じ、印象は全く違ってくるでしょう。聞き手の理解度が深まれば、興味が湧いて積極的に質問を発しようとしますので、プレゼン、会議、セールスの結果もぐんと良くなるに違いありません。

実際、私は自分が聞き手の場合、わからないことがあるとすぐに話を止めさせていただきます。特に、審議会への参加に際し、省庁の方から事前のご説明を受ける際にそうしています。

官僚の皆さんは、決められた時間内にきちんと資料を説明されます。そして、淀みなく早口でどんどん進みます。しかし、専門性を有する内容が大半なので、わからない言葉、わからない背景などがたくさん含まれています。こういう時に、皆さんは質問するかどうか、迷うことはないでしょうか？「そんなことも知らないのか」と思われると恥ずかしいから黙っておこう、とか、折角説明しているのに途中で止めては申し訳ない、と遠慮される方もいるでしょう。しかし、そこで知っているふりをすると必ず後で困ったことになります。

こういう時、私は正直に「そんなことも知らないのか、と思われるかもしれませんが、わからないままにしていても後でご迷惑をおかけするので、初歩的なことでも聞かせていただきます」とお断りを入れます。「わからない点が出たら、その場で聞かせていただきますが、よろしいでしょうか？　その場で理解して次に進みたいので」や「また、スライドを戻すとお手間を取らせますので」などとお願いをすれば、「ああ、この人は積極的に自分の話を聞こうとしているな」とプラスに受け取ってもらえるはずです。

今年、私は海外で初めて外国人の役員の方々との会議に参加する機会がありました。その時、議事の途中で「ちょっと良いですか？　最後にまとめて質問するのではなく、その都度、質問や意見がある場合は止めても良いでしょうか？」と確認し、積極的に参加した結果、その中の女性役員から「私たちの会議に興味を持って下さり、ありがとう」と感謝のメールをいただき、彼女とは毎週のように情報交換をする仲になりました。

万国共通、先方の目的は、私たちにしっかり理解してもらうことですから、自分が理解しやすいペースで確認するのが一番です。わからない時には、プレイバックしてもらう勇気を持ちましょう。

To step up!

スラスラと淀みなく話すことが、コミュニケーションの目的ではありません。一番重要なのは「伝え、伝わる」関係を生み出すことです。

話し方に人生が出てしまう

Q

「話し方」を磨くことは、それを職業としない私たちとって、どんな意味や価値を生むのでしょうか？

前の項目で、コミュニケーションには、テクニックやノウハウより「心の姿勢」が大切ということをお話しししました。

実はこれ、コミュニケーションという限られた範囲だけではなく、私たちの生き方全体にも関わる大きな意味を持っています。

「文は人なり」ということわざを聞いたことがあるでしょうか？　簡単に言うと「ある人の人となりは、その人が書いた文章に表れる」という意味ですが、私はこれを「話し方は人なり」と広げてもいいと考えています。

その人の話し方には、人格や知性、考え方など、全てを含めた「人生」そのものが表れる――少し大げさに言えば、そういう部分が確かにある、と思うのです。

たとえば、初対面の相手と向き合った時、最初に飛び込んでくるのは顔や体格、髪型やファッションという外見の部分で、これらは確かにその人がどんなタイプかを直感的に理解するための手がかりとなるでしょう。ベストセラーになった『人は見た目が9割』という本にもあるように、視覚から入る外見上の情報というのは、相手の印象を大きく左右すると思います。

一方、「話すこと」によるコミュニケーションの取り方も、見た目と同じくらい、あるいはそれ以上に、あなたへの評価を決める重要な要素となるのは間違いありません。それは場合によって、見た目のファーストインプレッションを覆すこともあり得ます。

実際、見た目に十分気を遣って「お、この人、しっかりしてそうだ」と見えても、いざ話し始めるとボソボソと聞き取りにくかったり、ペラペラと口数は多いけれど中身があまり無かったりでは、好印象も途端にガラガラと崩れ落ちてしまいます。それとは逆に、見た目の印象が今ひとつでも、聞き手のことを意識し、行き届いた話し方ができることによってイメージがぐっと良くなるケースは驚くほど多いものです。

しかも、服装や髪型、メイクなどを工夫すれば、比較的簡単に向上できる見た目と違い、話し方というのは一朝一夕には変えられず、ごまかしがききません。テクニックやノウハウを身につければ、それなりの恰好はつきますが、肝心な「心」の面が伴っていないと、じきに馬脚を露わしかねません。

かつて、TBSの新人時代、採用試験で学生さんを面接の席へお連れする係を担当したことがありました。そんな時、名前を呼ばれた際の「はい」という声の元気さ、立ち上がった際の姿勢や歩き方、座った際の背筋の伸びなど、様々なしぐさから「その人らしさ」がにじみ出てしまうものだと強く感じましたが、話し方というのもそれと同じで、長い時間に積み重ねたその人の全てが表れるように思います。

要は、日頃から清々しい所作に気をつけて暮らすこと。それを疎かにして、「面接」や「プレゼン」「セールス」などの〝ここ一番〟の場面だけ特別な自分になろうとしても、無理だということです。冒頭で「話し方」に私たちの生き方や人生が表れるとお話ししたのも、そんな思いがあるからです。

TBSでは、のちに面接官もやらせていただきましたが、職業柄、興味があるのは学生さんの声でした。不思議なもので、想像通りの声や話し方だとホッとしますし、見た目とのギャップがある人には、それはそれで興味が湧いたり……声もその人の個性だということを改めて実感しました。何よりも、その声がその場でつくった〝よそ行き〞の声か、体から湧き出る「心の声」か、そこには大きな違いが見えました。

その意味で、話の内容もさることながら、土台の声というのも大事で、声の良し悪しとは別に、お腹から自然に出ている声は、相手に安心と好感を与えると気づきました。自分の声や話し方に自信が無いという人は、まず姿勢を正し、ゆっくりと呼吸をして話すことで、聞き手に安定感と説得力を与えられるでしょう。

この本は「話す」ことを中心に、コミュニケーションの力を育むことを目指しますが、それは話す前の準備段階からすでに始まっているのかもしれません。

話し方を磨くことで、あなたという人、そしてあなたの人生が磨かれる——そんなことを皆さんと一緒に実現できれば、本当に素敵だと思います。

To step up!

「話す」ことひとつでも、その人の心や知性、考え方、それらを含めた人生そのものが表れると意識しましょう。

Q 「伝わる」ことを意識してこそ対話になる

対話は一方通行では成り立たないとわかっていても、嚙み合った感じがしない時があります。その理由はどこにあると、木場さんはお考えでしょうか?

コミュニケーションで、一番起こりがちな問題とは何でしょうか?

それはずばり、「伝える」ことばかりを考えて、相手に「伝わる」ことを意識しないという点です。「伝える」と「伝わる」は一文字しか違いませんが、大きく意味は違う、とよくお話しします。

「話すこと」は全て自分と相手の双方があって初めて成り立つもの。であれば、そこには伝える側の自分と、伝わる側の相手、その間に「伝え、伝わる」関係ができていなければなりません。

たとえば、こんなことはないでしょうか。

コロナ禍を経て、最近は各種の勉強会もオンラインで実施するケースが増えましたが、先日、その申し込み方法が紙で送られてきました。オンラインですので、そこには当然、申し込みのためのURLが書かれているのですが、ゆうに20文字以上あります。もう、その長さにギブアップしそうでした。

リーディンググラスをかけ、何度も何度も見直して入力したものの、どうしてもエラーになって目的のページに到達せず、翌朝、事務局に電話を入れました。なぜ、敢えて紙での案内という方法を取ったのか？　先方はこちらのアドレスもご承知のはずで、URLをメールで送って下されば、ワンクリックで申し込みは完了できるのに。これこそ、相手の立場に立って慮る心が無い事例で、残念に思いました。

私は国の会議などでよく尋ねます。「その表現で（国民に）伝わりますかね？」と。いくつかの例を挙げてみましょう。

だいぶ前に、農水省で食物残渣《ざんさ》の量について国民に実感をしてもらい、削減の動機づけにするため、その量を発信しようとしていた時のことです。国は、私たちの家庭から年間1100万tもの食べ残しが出ている、これは大変な量だということを伝えたいと言いました。しかしながら、ちょっと待って、それを聞いて「1100万t、ああ、あの量ね！」と実感が湧く人はいるのかと、すぐに疑問に感じたのです。そこで、当時の人口で割ってみると、1人当たり年間84kgの食糧を捨てている、という結果になりました。これを月に直すと、7kgになります。皆さんよくご存じの5kgのお米袋1・5個分ほどです。3人家族であれば、ひと月に20kg超で4袋以上も捨てている計算になります。私はこの話をよく講演でお話ししますが、ここまで噛み砕くと、皆さん、なるほどと頷いて下さいます。

このように情報というのは、相手に伝わって、腑に落ちて、動機づけができて初めて、次のアクションにつながるものです。

それから、もう一つ、私の中には「東京ドーム問題」があります(笑)。長年、様々な省庁で発言している件なのですが、皆さんも「東京ドーム何杯分」という表現を聞いたことがおありだと思います。でも、この1杯の容積を想像できる方は少ないのではないでしょうか？　さらに言えば、国の広報であるならば、全国の皆さんが納得できる表現でなければならないはずです。北は北海道から南は沖縄まで、人生のうちで東京ドームを訪れる方は何％いるでしょう？　私はスポーツキャスターとして、ドーム誕生の時からそれこそ100回以上通っていると思いますが、正直、その容積となると、まるで想像がつきません。

それで、計算をしてみたところ、ドーム1杯が学校のプール約500杯ということがわかりました。この点を、昨年のある会議で発言したところ、直後に会議に参加していたテレビ局のニュースが〝ドーム単位〟から、〝プール単位〟に変わっていたのは嬉しかったですね。この局の方が、会議の委員でいらしたので、もし取り入れて下さったのであれば、有り難いことです。近所の学校のプールであれば私たちにも想像がつきますし、その量の多さも感じられるでしょう。

国の広報のお話を例にしましたが、もっと身近な話であっても、受け手のことを考えて「言いっぱなし」のコミュニケーションにならないよう、気をつけたいものです。対話においては「伝える」と「伝わる」を常にセットで意識し、お互いに確認し合う姿勢を忘れないようにしましょう。

To step up!

「伝える」面ばかりを考えて、「伝わる」面が疎かになっていませんか？

Chapter 1

対話とは、何より相手との〝共感〟を育てることです

共感を得る説明で理解を深めてもらおう

Q

会議やプレゼンなど、自分は一生懸命に話しているつもりなのに、相手に伝わっている実感がない場合、どんな点が足りないのでしょうか？

わかりますね、この心細い感じ。頑張って話しているのに、相手のリアクションが今ひとつで、聞いている側の人数が多い時などは、「シーン」っていう文字が見えてくるくらい（笑）。話すのが苦手だと、それだけで頭の中が真っ白で次に何を話すかもわからなくなり、立往生してしまいます。それがトラウマになって、ますます話すのが嫌になることもあるでしょう。

私は講演では、とにかく、5分以内に笑ってもらえるよう心掛けています。いつまでたっても、客席がシーンとしていてリアクションが無いと、壇上でどんどん孤独になっていく自分がいるからです。「笑う」という行為は、そこに「面白い」という共感があってこそ、起きることです。

遠い昔、笑いに関する「共感」という点で、非常に印象深い出来事がありました。まだ20代の頃、局の期首編成の特番で、各番組が出し物をするという内容のものがあり、別室の審査員室からビートたけしさんと一緒にリポートするお仕事をしました。

その時、中継の前に審査員を見渡して、たけしさんがこう聞きました。

「この中で竹村健一は誰だと思う?」

若い読者の皆さんはご存じないかもしれませんが、竹村さんは辛口の政治評論家で「大体やねえ〜」の出だしは有名で「1：9分け」と呼ばれるほど、耳の横から反対側へ前髪を引っ張っておられたのが特徴的な方。私は「うーん」と唸った後、髪型からしてこの人しかいないな、と思うある方の名を囁きました。たけしさんはニヤッと笑うだけでした。

果たして、本番になり「審査員室のたけしさーん」と呼ばれた際に、たけしさんは、「はい、こちらは審査員室です。皆さん、真剣な表情で審査をされています。おっと、今年は竹村健一さんもメンバーなんですね。どうですか、竹村さん、今年の作品は?」とその方にマイクを向けると、スタジオは爆笑です。そして、締めくくりには一本取られました。「以上、審査員室より今夜は銀座のクラブ〇〇のチーママ、弘子と共にお伝えしました」という言葉に、また笑いが巻き起こります。

時はバブル真っ盛り、私ども局アナのファッションも「ジュリアナ」よろしく肩パッドバンバン、金ボタン、短めのスカートだったりしたものですから、確かにチーママにも見えました。この件で、あのたけしさんでもコモンセンス（共通の感覚）を大切に、よく観察をしてから発言されているということが勉強になりました。共感無くして笑い無し、ですね。

さて、前に「伝える」と「伝わる」の双方向性について触れました。自分は懸命に伝えているつもりなのに、それが伝わっている実感が無い。そう、聞き手からの「共感」のサインを感じられないので、不安になってしまうのですね。

――話し手である自分は、話す内容を理解してはいるけれど、それをただ相手に送り続けているだけ。

――聞き手である相手は、耳に入った内容を理解はしているけれど、それが自分とどうつながるのか、どうも実感を持つことができない。

結果として、どれだけ懸命に話しても空気は冷えたままで、壁に向かって声を張り上げているのと同じ感覚に陥るのでしょう。

心理学の分野に「ラポール」という言葉があります。

フランス語で「橋を架ける」という意味から、お互いの心が通じ合い、信頼し合い、相手を受け入れている状態――すなわち「共感」関係を意味するそうです。相手を前にして話す、対話をするという場面では、このラポール＝共感があるか無いかで場の空気が全く変わります。

聞く側としては、これまでの自分の体験の中から話し手の言っていることに「そうそう、そうだよね」と記憶が甦り、その情報と経験が手をつなぐことでぐっと理解は深まり、興味が湧きます。

すると、会議室の空気は動き出し、話し手は聞き手のちょっとした表情やしぐさにも敏感に反応して、少しでも噛み砕いてわかりやすく話そうとするでしょう。聞き手もまた、話し手の一挙手一投足にも頷いたり、笑顔を見せたり、時には首を横に振って反対の意思表示をしてくれるはずです。

これにより、壁に向かって声を張り上げていたような状態は、顔の見える人間同士の対話になって、話すのが楽しく、面白くなり、苦手意識もどこかへ飛んでいってしまいます。

このように、共感と理解はワンセットで効果を発揮するものであり、共感無くして本当の意味の理解は生まれないのです。
話し手と聞き手の間に橋を架け、その場の空気をスイングさせる、より良い「共感」を生み出すこと。「伝え、伝わる」コミュニケーションのため、まずはその点を意識することから始めてみましょう。

To step up!

「共感」の先に、聞き手はより深く「理解」したいという意欲を持ってくれるものです。

挨拶をされて嫌な人はいない

Q 話し手と聞き手の距離を縮め、対話や討論をスイングさせるためには、どんなことから始めればいいのでしょう？

何事につけ「言うは易く、行うは難し」で、対話には「共感」が大切ですよと聞いたところで、それを実際に行えなければ意味はありません。

そんな風にならないよう、ここでは最も簡単で、効果のある「共感」の生み出し方をお教えしたいと思います。

それは――「元気な挨拶」です。

と、お話しすると「そんな、幼稚園の子どもに言うみたいな話」と、呆れる声が聞こえてきそうですが、ちょっと待って下さい。

たとえば、こんな場面を考えてみましょう。

朝一番の職場に入って来るスタッフの様子――

「おはようございます！　爽やかないいお天気ですね！」

なんて、笑顔で元気に挨拶する人と、

「……おはっす（おはようございます、と言っているつもりのよう）」

なんて、目も合わせずにボソボソッとつぶやくだけの人、どちらの相手と仕事の話をしたいと思いますか？

答えは、聞くまでもないでしょう。

まさか今時、「おはっす」さんのような人はいないだろうと思いきや、この本のスタッフに聞いてみると、世代を問わず意外なほどいらしたそうです。でも、これでは互いにテンションも上がりませんし、ましてや「共感」を持ってビジネスの話をしようという空気にはなりませんよね。

知人の管理職の方々に伺うと、最近は部屋に入ってきても挨拶をしない〝忍者〟のような人が増え、少々イラつくこともあるとか。

フリーランスである私の場合、初対面の方との仕事が多いため、インタビューでも、会議でも、講演でも、挨拶をしないなんて考えたこともありません。企業トップとの対談の現場は、その企業の事務局も、ライターさん、カメラマンさんなどもピリピリして空気がちょっと重いんです。そこを、元気に「おはようございます！」と笑顔で挨拶するだけで、張り詰めた空気が緩んでいくのを感じられます。私はその後、一つ二つ冗談を言ったり、名刺交換の時もちょっとした雑談を入れるなどしてトップの登場を待つようにしています。

仕事の前というのは、誰しも緊張感で硬くなりがちですが、そこから「さあ、やるぞー」という気持ちに変えるためにも、元気な挨拶を交わし合うことでスイッチが入ります。そこにいるみんなで一つのものをつくり上げる、そのための一体感を生む大事な行事だと思うのです。

このように、挨拶というのはその場の空気を温めるキャンプの〝火起こし〟のようなものです。

挨拶にはまた、互いの間の信頼を生む目に見えない力があります。スーパーマーケットの野菜でも、「私が育てました！」と生産者の方の笑顔とお名前を印刷したカードが付いているだけで、思わず手に取ってしまうもの。そこには、会ったことの無い方からの挨拶を受けて、「美味しく、新鮮な野菜」という信頼感が生まれているように思います。

挨拶には特別な技術は必要ありません。まず、元気に笑顔で「おはようございます！」と声を出す。「挨拶が無い」と怒る人はいても、挨拶されて嫌がる人はいないはずです。

To step up!

最初は「元気な挨拶」から始めてみましょう！挨拶をされて嫌な人はいません。

印象に残る初対面へ

Q

初めてお会いした相手に覚えてもらう、記憶に残る自己紹介のために、木場さんはどんなことを心掛けていますか？

相手との「共感」を生み出す上で、第一歩は元気な挨拶からとお話ししました。この場合、特にハードルの高いのは初対面での自己紹介ではないでしょうか？今までの取引がある会社へ新しい担当として訪問する場合、あるいは先方の担当が変わった場合、さらに初めての会社への営業となるとハードルはいよいよ上がるでしょう。

初めての相手に、自分という人間をできるだけ知ってもらい、少しでも興味と共感を持ってほしい——とはいえ、限られた時間の中で自分の経歴を長々と話すわけにはいきませんし、背伸びした自己アピールをするというのも感心できません。

この場合、どうすればいいのでしょうか？　ここでももちろん、最初の掴みは明るく元気にというのが基本ですが、肝心なのは続いての名刺交換の場面です。

ほとんどの人が単に名刺をやり取りし、すぐに「よろしくお願いします」と仕事の話に入るかと思いますが、それではあなたは単に「紙の上に書かれた名前の人」というだけに終わってしまいます。そうではなく、この一瞬を相手との関係を少しでも印象づけ、共感を生み出すチャンスにしてみましょう。

ここでの相手との関係というのは、どんなに些細なことでも構いません。

たとえば相手の名刺ひとつ取っても、そこには必ず関係を築くきっかけがあるものです。少し変わった名前の方であれば「〇〇〇さんというお名前の方とは初めてお会いしました。どちらのお名前でしょう？」というように、何かしらリアクションをしてみます。それだけで、場の空気はぐんと和みます。最近は名刺自体のデザインも凝ったものが増え、表には会社のモットー、裏には商品・サービス情報が書かれていることも多いので、それ自体がその場の話題を提供してくれることも少なくありません。

訪問先の会社については最低でもＨＰをチェックし、ニュース欄などにある会社の最新情報を話題に出すと、先方は自分の会社のことをよく調べてるなぁ、と感心するかもしれません。また、これまでその担当の方と仕事をした同僚などに、話を聞いておくのもいいでしょう。

たとえば――

・「新しく発売された〇〇、さっそく食べて（使って）みました！」と相手の会社の新製品への感想を述べてみる。

・担当者の情報から「〇〇（同僚の名）に聞きましたが、大学時代は野球部のエースでプロからのスカウトもあったそうですね」と話題を振ってみる。

・「先月、お子さんが生まれたそうで、おめでとうございます」

・「〇〇支社におられたそうですね、あちらの□□さんには前に大変お世話になったことがあります」

――など、ちょっと意識すれば相手側との接点は色々広げていけるものです。

しかしながら、折角の自己紹介の場も、遠慮がちだったり、右に倣えだったりで、味気ないものに終わる場面によく遭遇します。審議会の最初の回には、進行の方から「ひと言自己紹介もお願いします」と促されることもあり、そんな時は、「1分ぐらいなら話せるんだな」と心の中で準備をします。ところが、1人目の方が肩書きと名前だけだと、後に続く人もそれだけに留まってしまうのです。これは勿体無いことです。

肩書きや名前は委員名簿を見ればわかります。それより、その会議の内容と自分との接点や、どういう視点で参加するのかなど、1分あれば、お伝えできると思うのです。

以下は、数年前に私が参加した北九州港の長期構想の会議での自己紹介です。議事録を引っ張ってみました。

「私と北九州市さんとのつながりというのが、まず、幼少の頃に住んでいた経験があることや、実は、夫も北九州の出身で、家の中が九州弁だったりいたします。また、北九州市さんの市政50周年の冊子で市長さんと対談をさせていただいたこともございます。こういった点で、私自身は北九州市さんに親しみを持って参りました。さて、今回は、おそらく私が国交省の港湾分科会に十数年お世話になっていたり、港湾協会さんに籍を置いていたりというところからお声がけいただいたのだと思います。私自身は北九州市、あるいは、港について地元の委員の皆さんほど詳しくありませんので、今後、色々と教えていただきながら、一緒に議論に参加していきたいと思います」

おそらく、これで1分未満でしょう。初めにこういった自分の情報を示しておくと、他の委員の方との雑談のきっかけができます。各々の自己紹介にあったパーツの中から自分に接点があるネタを拾って、たとえば「木場さん、〇〇なんですねえ。私もそうなんですよ」「今度、意見交換を兼ねてご飯でも」などという風に。

この本は円滑なビジネスコミュニケーションを目指していますが、そのためには人とつながることがとても大切です。そのきっかけをしっかりと捕まえて、逃さないようにすることが重要となってくるわけです。人とのご縁を引き留めるためにも自分のことを語る準備をしておくことをお勧めします。

To step up!

自分と相手の接点を見つければ、初対面の印象はぐっと生き生きしたものに。

Q 名前で呼ぶ効果について

初対面の相手に呼びかける場合、どうすればいいか迷うことがあります。コミュニケーションを活性化するための二人称の法則を教えて下さい。

挨拶と自己紹介で相手との距離を縮め、共感を生み出すきっかけを掴めたら、いよいよ具体的な対話へ——すでにいい雰囲気はできていますので、一気に話を進めて参りましょう。

と、その時に意外に戸惑うのが、相手に対する二人称の呼び方です。特に一対一や会議の席で特定の相手に対し、意見を聞いたり、逆に相手の意見に反応する時など、こちらから呼びかける場面というのはかなり多く、何と呼びかけたらいいのか悩みどころだと思います。

そんな時、たとえば英語であれば〝テッパンの二人称〟であるｙｏｕが使えるので、迷うことはありません。ところが、日本語でこれをストレートに真似してしまうと——

「あなたは、これをどう思いますか？」
「賛成、反対、あなたはどちらでしょう？」
「あなたに一つ、質問があります」

——「あなた」はビジネスの場では使いづらいですね。まず、目上の方には使えません。

日本では、このあたりを曖昧にぼかすのが一般的です。

具体的には、相手にチラッと視線を送りつつ「どう思いますか？」と、相手を呼ばなくとも会話は何とか成立してしまう。呼びかけるにしても「部長さん」や「課長さん」といったその人の「役職」が使われるため、名前で呼ぶ場面は意外に少ないかもしれません。

これでは、折角その場に生まれ始めていた共感も、時間が経つにつれ少しずつ薄れていきかねません。

そこでお勧めしたいのが、対話の際はできるだけ「相手の名前で呼びかける」という方法です。私はその効果を野球中継での夫の話し方に学びました。

夫（与田剛氏）は、中日ドラゴンズを引退後、長くＮＨＫで解説をさせていただきました。彼の放送を聴いていると、実況のアナウンサーの方を立てるように名前を呼ぶ機会がとても多いのです。

「先ほど、〇〇さんのおっしゃったように」

「〇〇さん、次の球をよく見ておいて下さい」

――折々にそんな風に呼ぶのを聴いて、本人に尋ねると「意識して心掛けている」とのこと。３時間の中継の間、解説者は30回は「与田さん」と呼ばれるのに対し、実況の方が自分の名前を言えるのは番組最初の自己紹介と締めの時だけ。そこを10回でも名前が出れば、（ご家族もご覧になっているでしょうし）嬉しくてテンションがアップしてノリノリで実況をされるかもしれません。

人間というのは、誰しも少なからず自己顕示欲がありますので、自分に興味を持ち、存在を認めてもらえると嬉しくなります。ですから、「人を立てる」「存在を認める」ためにも名前を呼ぶことは良いことだと感心しました。

特に初対面の際など、呼びかけ抜きで「どう思いますか？」や「課長さん、どう思われますか？」と聞くより、「〇〇さんは、どう思われますか？」と直接呼びかけられれば、相手はきっとこちらの言葉をひと膝乗り出す気持ちで聞き、積極的に答えてくれるでしょう。

私も日頃から、意識的に名前での呼びかけをするようにしています。マナーやハラスメント予防の面からは、いきなり下の名前で呼んだり、「ちゃん」付けにしたり、年下だからと呼び捨てにするなど、馴れ馴れしい声がけは当然ながらタブーです。

ですが、思い切って敬意を込めて名前を呼ぶことで、相手との距離をいっそう近づけることは確実にできます。どうか、トライしてみて下さい。

To step up!

「〇〇さん」と名前で呼べば、「自分を見てくれている」と誰もが嬉しく感じます。

Q 着ている服も立派な意思表示

「人は見た目が9割」と言われますが、コミュニケーションの場で相手に心を開いてもらうには、どんな点に気を配るのが効果的でしょうか？

コミュニケーションの場において、声にして出す言葉だけが相手との共感を生み出すとは限りません。

視覚にも心に届くメッセージがあり、その点をうまく活用することも、実りある対話には重要なことです。

「視覚に訴える」というと、いわゆる「人は見かけが9割」的な身だしなみ、服装や髪型に注意して不快感を与えない――そんな広い意味でのＴＰＯのこと、あるいはマナーのことだと思うかもしれませんが、ここで取り上げるのはそうしたことの先に自分からのメッセージを発していこう、という提案です。

たとえば、視覚に訴えるメッセージの中で、最も影響の強いのは色彩だと言われています。これについては、色彩心理学という分野もあるほどで、たとえば赤は情熱的、青は冷静沈着、黄は天真爛漫など、特定の色が心に与える影響については、皆さんも聞いたことがあるかもしれません。

スポーツのチームなどには、必ずと言っていいほどそれぞれのシンボルカラーがあり、マークやロゴ、ユニフォームなどに使用されています。認知度の高いシンボルカラーであれば、その色を見ただけでファンはそのチームをイメージします。

であれば、ビジネスで取引先の方と会う場合にも、その点に気を配ることは効果的ですね。以前、ある企業のトップと対談した時のことです。

私はこういった際には、いつもコーポレートカラーを調べて自分のファッションの中に取り入れるようにしています。この企業のコーポレートカラーは赤でした。また、靴も2足用意していきます。1足は少しヒールがあるもの、もう1足はフラットなもの。それは、お相手の方の身長の情報が事前になかなかわからないからです。会社としては、折角、高額な料金を支払って紙面を買い、トップをお出しするのに、ツーショットの写真などで私のほうが大きく堂々と写っていては申し訳ありません。ですので、現場でお相手の身長を確認して、どちらかを選ぶようにしています。この日も靴2足と、その企業のコーポレートカラーの赤い珊瑚のネックレスを持っていきました。

果たして、先方のトップは赤のネクタイを取り出して「これをつけるように言われちゃってね」と、それまでしていたネクタイを外して赤をお締めになりました。それを見た私は、着けてきたパールのネックレスを外して「私も用意してきたので」と、すかさず赤い珊瑚のネックレスにつけ替えました。

「ほう、わざわざそんなご配慮をいただけるとは！」と先方は驚いたご様子。

「折角ですので、御社のシンボルカラーをつけようと」

そんなやり取りがあったお陰で、一気に打ち解けて話も弾み、楽しいインタビューになったのを思い出します。

一方、もし、こうした点に無頓着だったら、どうなっていたか？　初対面であそこまで距離を縮められたかどうか、振り返ってみて自信がありません。視覚に訴える言葉＝メッセージというのは、それほど大きな効果を発揮するものなのです。また、ある時、某携帯電話会社のお仕事をさせていただいた際は、代理店さんから「競合企業のシンボルカラーは絶対に避けて下さい」と事前のご指示を受けたこともあります。

言い換えれば、企業間の競争はそれほど熾烈で、そこにも気を遣わなければならないシビアな世界だということです。

一説には、人は外界からの情報のおよそ80%を視覚から得ているとか。対話というコミュニケーションの場面でも、その点を十分に意識し味方につけるべきでしょう。ネクタイやジャケット、小物の色ひとつにまで気を配ることで、功を奏することも。そういったことが相手との距離を近付ける可能性も大きいということも頭に置いてみて下さい。

To step up!

男性ならネクタイ、女性ならジャケットや小物に、相手のシンボルカラーを取り入れてみましょう。

良い「聞き手」になってみよう

Q

良い対話では、話を聞く姿勢も大事だと思います。木場さんは聞き手としてどんなことに気を配っていますか？

コミュニケーションの際に最も大切にするべき「共感」をどのように生み出したらいいか——ここまでは、主に話し手として注意すべき点を紹介してきましたが、対話というのはそもそも自分と相手の双方があって成り立つもの。

その役割や立場は刻々とチェンジし、話し手である自分は、相手の発言に対しては良き聞き手となることが、さらにお互いの距離を近付けることになるのは当然のことです。そこで大切にしたいのが、聞き手としての〝リアクション〟です。

実は、私にも「乗って」いける講演会とそうではない講演会があります。お客さんのリアクションに左右されるのですね。出だしから弾んでいけるのは、女性のお客さんの多い場合。「女性セミナー」はまず大丈夫、話す前から乗っていけるのです。

ステージに立った途端、満面の笑みで拍手をいただき、手を振って下さったり、名前を呼んで下さったり。その後は、お隣さんと感想の交換。話し始めると、客席はすぐに笑いと拍手に包まれ、時に涙を流して下さる。これが、男性の比率が高まるにつれ、どんどんリアクションが薄くなってしまうのは不思議です。日本の、特に年配の男性は、どうも「人前で笑うのは恥ずかしい」と思っている節があります。

リアクションと言えば、実は私も新人アナウンサーの頃、随分、苦労しました。初めて担当したラジオ番組は、噺家さんとの生放送でした。その際の私の最大の課題は笑い声。どういうことかと言いますと、テレビは笑顔でリアクションすれば、「あっ、この人、楽しいんだ」と画面から伝わりますが、ラジオでは微笑んでいても、それが全く見えないし、伝わりません。音にしなければ、リアクションゼロと同じになるのです。

そのため、「声を出してはっきり笑うように」とディレクターから注文が出ました。しかし、皆さんもやってみて下さい。楽しそうに大声で笑うのって、結構難しいのです。私は3カ月ぐらい鏡の前で、練習しました。そして、今日《こんにち》の「アッハハハハ……」

という豪快な笑いを手に入れたわけですが、おかげで夫からは「うるさい！」と注意を受けることもしばしばです（笑）。

話を元に戻しますと、講演中、何百人というお客さんの中で、どこを見て話しているのか？　なるべく右見て、左見て、全員を見渡すようには気を配っていますが、ついつい視線は熱心に話を聞いてくれる人のほうへ——そこは人間、自然と頷きやリアクションの大きい人に集中していってしまうものです。

以前、私の事務所に本当にリアクションが素晴らしい女性スタッフがいました。ある時、私が仕事上、納得できないことがあって、その理不尽さについて彼女に説明すると、ウンウンと大きく上下に頭を振って、聞き入ってくれます。すると、心が軽くなり、いつの間にか表情が緩んでしまう自分がいるのです。

このように、頷きとは相手を肯定し、受け入れるという率直な意思表示であり、これに救われた経験をお持ちの方も多いのではないでしょうか？　「私は今、あなたの言うことをわかろうと努力していますよ」というのは、目の前の人への温かい思いやりだと思います。決して同調する必要はなく、まず、しっかり相手の言うことを聞いた上で、反論するならすれば良いのです。

頷きができるようになったら、次は声に出しての「相槌《あいづち》」に移りましょう。実際、コミュニケーションにおける相槌の効果は心理学の研究でも実証されているそうで、それによって話し手の発言は1・5倍も増えると言います。良い相槌で、相手がどんどん話してくれるようになるのなら、試さない手はありません。最初は、「はい」や「ほう」や「へえ」といった簡単なものでいいのです。その次は、「いい天気ですね」に対し、「ほんとにいい天気です」と、オウム返しでも十分効果があります。

たとえば次のようなやり取りで、あなたをA、相手をBとして——

A「いいネクタイをしてらっしゃいますね?」

B「これ、とても気に入っているんです」

A「ほう、どんな点で?」

B「実は40歳の誕生日に家族がプレゼントしてくれまして」

A「素敵ですね。どちらでお買い求めに?」

B「いつも行く○○デパート、あそこは品揃えがいいんです」

こんな風にちょっとした質問の時にリアクションも挟めれば、もう中級クラスです。

その際にしっかり聞いてほしいのは、相手の言葉です。そこにリアクションのヒントがありますから、対話の際はそこに集中してこそ、テンポのいい反応につながります。インタビュアーでも不慣れな人ですと、相手が話しているのに次の質問をあれこれ考えていて、話に集中できていないことがあります。それでは対話はなかなか弾まないでしょう。「言葉尻をとらえる」というと、いい意味ではないですが、まずは相手の言葉の中にリアクションの材料があるという意識を大切にすることです。

「相槌を打つ」とは、もともと刀工の方が師匠の打つ槌に合わせてと弟子が槌を入れる鍛錬からきているそうです。師匠と弟子で、カンカン、カンカン……と槌を振るって刀を鍛える様子を、対話に活かせたら素晴らしいですね。共感に溢れ、テンポのいい対話のため、皆さんもぜひいい槌を振るって下さい。

To step up!

相手の話に頷き、相槌を打つことで、対話は自然に弾んできます。

Q 全て「すごい」で済ませていませんか？

最近、何事につけても「すごい」のひと言で反応する人が増えている、という話を聞いたことがあります。これについて、木場さんはどのようにお考えになりますか？

前の項目で「聞き上手」になるための方法として、相槌が大切なことをお話ししました。テンポの良い相槌で、ツボを押さえた言葉を投げ返せるようになると、相手との言葉のキャッチボールにもぐんと弾みがついてきます。

一方、お互いの投げる言葉の選び方がまずく、相槌が上手く嚙み合わないと、話自体がストップしたり、つまずいたりで、なかなか思うようにいきません。

このように話の流れをストップさせる言葉の中で最も多く耳にするのが、お尋ねの「すごい」ではないでしょうか。ビジネスの対話でも、プライベートのおしゃべりでも、何かにつけて「すごーい」をよく耳にします。

たとえば、仕事の場で——

「この商品、発売早々とても評判がいいんですよ」

「すごいですね」

や

「デザインに苦心したんですが、どうご覧になりますか？」

「すごいですね」

——という具合に、この言葉が出た途端、不思議に対話はそこから先へ進まなくなってしまいます。

理由は簡単、「すごいですね」というのは単なる〝条件反射〟のようなものに過ぎず、相手にすれば「どこがどう？」と聞きたくなって消化不良になるからです。背景にあるのは、自分の意見をはっきり表明せず、無難にやり過ごそうというリスク回避の意識か。あるいは、単に色々な言葉を使い分けるのが面倒で、とにかく大げさに反応すれば、褒めているのだから相手も悪い気はしない、と踏んでいるのか。似た言葉に、「やばいですね」あるいは「なるほど」がありますが、「なるほど」を連呼すると、何でそんなに上から目線なんだろう、と誤解される恐れがあるので注意が必要です。

最初は〝条件反射〟を〝感想〟のレベルまでブラッシュアップしておきたいですね。まずは、きちんとした感想を投げ返すことから始めてみて下さい。それができて初めて、会話が続いていくことになります。

難しいことはありません。「すごいですね」と言う時に、なぜそう思うかを自分なりに付け加えてみるのです。

先ほど挙げた例で言えば――

「この商品、発売早々とても評判がいいんですよ」
⇩「すごいですね、若い人に人気が高いそうで、新しい市場の開拓ですね」
「デザインに苦心したんですが、どうご覧になりますか？」
⇩「すごいですね、この部分の色と形に、これまでに無い特徴がありますよね」

――こうなれば、相手としても「そうなんです、その点につきましては……」という具合に、やり取りが続いていくでしょう。皆さんも周りで「すごいですね」と表現する人がいたら、すかさず「どこが、どんな風にすごいんですか？」と問いかけてあげると、当人にとっての気づきにつながると思います。

その上で、さらに一歩進めて「自分だけの表現」を、少しずつ工夫してみるのもお勧めです。

古い話で恐縮ですが、例を挙げてみます。それは、私がＴＢＳで「ニュース23」を担当していた頃の話です。またしても夫のたとえ話となり恐縮ですが、身内で気軽に例として使いやすいためと、ご理解、ご容赦下さい（笑）。

その年、投手として日本最速記録を達成した与田を取材に行った日に、筑紫哲也さんから「与田投手の球って、どれくらい速いの？」と尋ねられました。普通なら「すごいんですよ、何と１５７㎞！」と答えるところで、私は他の表現を使ってみました。

「球場でお客さんにインタビューしたのですが、与田投手が投げると『首が疲れる』と言うんですよ」

すると、筑紫さんは「何のこと？」という顔。おそらく、カメラの先にいる視聴者の皆さんも首を傾げたと思います。

そこで私は種明かしを。

「そのお客さんは、スピードガンの表示が見にくいお席だったようです。だから、彼が一球投げる度に、1回1回、首をひねって確認する必要があったので、『首が疲れる』となったようです」

この場合、単に「すごい」を連発するよりも、受け手には強く印象に残ったかもしれません。最初はなかなか難しいかもしれませんが、一つのヒントとして「視点を変える」という意識を持つというのはお勧めです。

球速の例で言うと、「157㎞、すごい！」という数字を使った直球の表現から、「首が疲れる」という変化球の表現へ、見方をちょっとズラすだけでユニークな表現は生まれるものです。

ほかにも、美味しい物を食べた時などに、「すごく美味しい！」ではなく――

「今日はみんな食べるのに夢中で、口数が少ないね！」

と、より実感を込めてみると、誰もが「そうそう」と頷いてくれるでしょう。

これからは「すごい」だけで済ませるワンパターンから卒業して、自分なりの表現法を工夫してみませんか？　トライすると結構大変なものですが、こういう努力から自分なりの表現や個性が生まれると信じています。私からの宿題です（笑）。

To step up!

「すごい」を使わず、自分なりの表現にトライしてみましょう！

Q

笑顔は万能ではない

接客などの場合、「どんな時も笑顔が基本」と言われることが多いようです。本当にそうなのでしょうか？　時々、違和感を覚えることがあります。

対話の際、聞き手としてのリアクションが重要とお話しすると、時々いただくのがこうしたご質問です。これに対し、私はいつも「笑顔は万能ではありませんので、ＴＰＯを考えて」とお答えするようにしています。

人間、誰しも仏頂面より微笑みのほうが安心するのは当然です。

最近は、日本の接客マナーもひと昔に比べて格段に洗練され、世界中から「おもてなし」の精神を称賛されていますが、大きな理由の一つに〝笑顔〟があるのは間違いありません。マナーの入門書には、よく「口角を10度上げて」などと書いてあり、新人の接客スタッフの方たちは鏡を見て毎日これを練習するのだとか。日本以外の国へ行くと、決して皆さん笑顔というわけではなく、中には、ムスッとした人もいらっしゃいますよね。そのせいか、海外から日本へ来られるお客様はこの笑顔に「日本はなんてワンダフルな国なんだ」と驚かれるそうで、それはもちろん素晴らしいことだと思います。

ただ、笑顔というのは無理につくるものではなく、自然に浮かべてこそ価値があるのでは?と、感じることも無いわけではありません。マニュアル通りに笑顔をつくっても、シチュエーションとのギャップで、相手に違和感を持たれてしまう可能性もあるのです。

この笑顔の違和感については、強烈に印象に残っている出来事があります。それは、空港のターミナルで起きました。羽田空港をご利用になる方にとって、大手の航空会社ごとにターミナルビルが分かれているのは周知のこと。私もその日、搭乗予定の航空会社のターミナルビルに余裕を持って到着し、お弁当などを買ってからチェックインの機械で手続きをしようとしました。ところが、エラー、エラーで全くチェックインができません。不思議に思って出発便の電光掲示板を見上げると、私の乗るべき便が無い！　慌てて近くにいた地上係員に尋ねると、「ああ、そういう方、結構いらっしゃいます。そちらの便だけは、もう一つのターミナルなんです」と笑顔と共に教えてくれました。しかしながら、時計を見るとチェックインの締め切りまであと15分に迫っています。

切羽詰まって、どうすればいいかをさらに尋ねると、「ああ、外に出ましたところに無料の巡回バスが走っておりますので、そちらでもう一方のターミナルに行って、当該のカウンターへお願いします」と、また笑顔。当日は、北九州市での対談の仕事があり、この便に乗り遅れたら仕事が飛んでしまう。思わず、絶望的な気分になったものです。そんな時は「それは大変、ではお客様が向かうことを、あちらに無線で知らせますので、急いで向かって下さい」くらいの、寄り添った対応をしていただけると良かったのですが。

果たして、もう一方のターミナルのさらに一番端にあるカウンターに猛ダッシュでたどり着いたのは、奇跡的に手続き締め切りのわずか2分前です。そこで、また係の女性に「私みたいに焦ってここに来る方、いないんですか？」と聞いたところ、彼女もまた「たくさん、いらっしゃいますぅ」と、今日何度目かの笑顔で答えるのにはさすがに唖然。最後にまた、さらなる笑顔で「行ってらっしゃいませ～」と送り出されたのです。

一気に飛行機に乗り込んだため、事務所に電話をする暇も無かった私は、到着した北九州空港でタクシーに乗り込むや否や、スタッフに電話。このチケットをいただいた際に仕事先からターミナルについての注意喚起は無かったのか確認しましたが、一切無かったとのことでした。

携帯を切った私に、運転手さんがこう言いました。「皆さん、このタクシーで同じことをおっしゃっています」と繰り返される出来事に呆れ顔。やはり、多くの人がターミナルを間違えて困っていたのです。さらに「先日はお年を召したご夫婦が乗り遅れてしまったそうで、当日のチケットを買ったため大層な額のようでしたよ」と続けます。自分は運良く目的地にたどり着けたものの、仕事に穴を開けるところだったと思うとゾッとしました。

ユーザーがきちんとチケット代を払っているにもかかわらず、このように乗り遅れるリスクを背負うのは困ったことです。きちんと、ターミナルが認識できるように航空会社には工夫をしてほしい。そう思って、当時、たまたま委員を務めていた国交省の航空関係の会議でその件を説明し、ターミナルについて字を大きくする、赤い字にするなど、何とかもっと目立つようにできないか、とお願いをしました。

結果、航空会社のホームページではターミナルに関する注意喚起をし、文字もそこだけ太くなり、さらにターミナルの確認を示すチェックを入れないと、予約ページに進めないというシステムに改善。早急なご対応をして下さった航空会社には感謝するばかりです。後日、空港に向かう羽田モノレールや京浜急行でも車内アナウンスでこのことに触れてくれるようになったとのことで、ますます有り難く思っています。

笑顔が相手の心を和ませ、共感を生み出すのは、それにふさわしいシチュエーションであればこそ。戸惑っている人に対しての場合、「この人は、何で自分の気持ちに寄り添ってくれないんだ」とガッカリされてしまうかもしれません。コミュニケーションにおいて最も大切な「共感」という点で、笑顔というのはTPOに応じたものであってほしいと願います。そのためにも、普段から相手の状況をしっかりと見て、聞いて、心から寄り添う気持ちを持つ意識が大切だと、私は思うのです。

To step up!

笑顔は万能ではありません。相手が困惑している時など、ふさわしい表情で「共感」を。

「WHY?」で会話を深めよう

Q

折角の対話なのに、何だか話が深まらなくてモヤモヤすることがあります。もっと掘り下げていくには、どんな工夫が必要でしょう?

省庁の会議などで、私が最も大切にしているのは、生活者の立場に立って、たとえ小さな疑問であってもスルーしないという点です。

そうした会議では、しばしばなぜそういうことをしたいのか、という前提が見えなかったり、専門用語が飛び交ったりで、理解が難しいことがあります。

これは、今の仕事に就いた頃から変わらぬポリシーで、自分がわからない点は視聴者の皆さんにわかるよう、とことん掘り下げてお聞きするのが務めだと考えていました。

日本では、対話や会議などの場で何かを尋ねることを躊躇する感じがありますね。

「そんなことも知らないの?」と思われたくない、〝どちら側〟の人というレッテルを貼られるのが嫌でYESかNOかをはっきりさせたくないなど。それでは議論は通り一遍で深まらないまま終わってしまいます。

一方、海外の方と話すとそれでは済みません。老若男女、どんな人とのどんな対話でも、しょっちゅう発せられるのが「WHY?」という疑問詞で、これを相槌のように「なぜ?」「何?」「どうして?」と交わしていくうちに、お互いの距離は縮まり、場の理解はおのずと深まり、話題もいっそう掘り下げられていきます。

そういうことからも、私にとっては仕事とプライベートを問わず、「WHY?」は最も大切な対話の〝エンジン〟です。審議会や企業の会議はもちろんのこと、パネルディスカッションでのモデレーター(進行役)のお仕事でも、ここが一番大事だと思っています。具体的には、少しでも疑問に感じること、一般に馴染みの無い言葉、掘り下げたいポイントについては、必ず「そうお考えになる理由は?」「その言葉、ご説明いただけますか?」「これからは、どうあるべきでしょう?」といった疑問を投げ、ディスカッションの質を高めるのが、私の役目だと考えるからです。

その点では、私の立場は〝通訳〟と似たところがあるのかもしれません。多くの場合、専門家と会場にいる参加者との間に立ち、必要な情報や議論の核心にあるものを翻訳する。だからこそ、多少は自分でわかっていることであっても、敢えて「WHY?」と投げることによって、聞き手のためにわかりやすく説明してもらうのです。

対話を深めるエンジンとしての「なぜ?」「何?」「どうして?」ですが、いざ口にしようとすると、最初は意外に簡単ではないかもしれません。一番の壁は、「知らないと思われるのが恥ずかしい」という意識で、わからなくてもとりあえずの「知っているふり」をして、その場をしのいでおく。対話や討論が活発にならない最大の理由は、案外この部分にあるような気がします。

そんな時、便利な〝魔法の言葉〟をお教えしましょう。

それは……「不勉強で申し訳ないのですが」という前フリです。これを付ければ、気兼ねなく聞けるから不思議です。聞きたいこと、知りたいことをどんどん尋ねることができます。

「不勉強ですみません、なぜこれから〇〇が重要になるのでしょうか?」

「念のためすみません、〇〇についてもう一度、ゆっくりご説明願います」

そもそも、ご自分の考えや情報、知識について尋ねられて、不愉快に感じる人はほとんどいませんし、専門家ほど嬉しく感じるのではないでしょうか。潔く「知りません、教えて下さい」と言われると、むしろ慎重な人、率直な人と評価されて、一生懸命教えて下さることでしょう。
近年は「説明責任」という面が個人にも組織にも強く求められるようになり、的確な説明を引き出す上で、単なるYES・NOで終わらせず、「WHY?」を発し続ける姿勢は重要になっています。
対話の価値を高め、互いの共感を深めるため、わからないことはそのままにしない――「素朴な疑問」を大切にすることから始めてみませんか?

To step up!

「WHY?」で深まる対話、「不勉強で申し訳ありません」は魔法の言葉です。

Q マウントと会話泥棒は嫌われる

対話の場面で、上から目線になりがちな人も多いようです。そうならないよう、どんな点に注意すればいいのでしょうか？


この章では、対話、コミュニケーションにおける「共感」の重要性についてお話ししてきました。

ここからの数項目は視点を180度変え、共感から最も遠い話し方を考えてみましょう。何事につけ「やったらダメ」を知ることで、失敗は大きく減らせます。

というわけで、これをやったら共感は絶対生まれない！の一番目——マウンティングと会話泥棒の話から。

マウンティングという言葉も、今ではすっかりお馴染みになりましたが、これはもともとはお猿さんの世界で、強い立場の個体が相手の背中にのしかかり、「オレのほうがエラい」ということを示すデモンストレーションのことでした。ところが、同じ霊長類の仲間だから、というわけでもないのでしょうが、ヒト科の中にもこれが大好きで、隙あらばのしかかろうとするヒトがいらっしゃいます。

こうしたヒトは、たとえば――

「夫は取締役になってから家にいないんです」

「このバッグ、〇〇の新作で限定品なんです」

「自宅は鎌倉、別荘は軽井沢なので、住民税が高くって」

などと、自分自身のことより、肩書きや持ち物、住んでいる場所を引き合いに出して、「こっちのほうが上」だとアピールするのがお好きなよう。まあ、ここまであからさまな会話はドラマの中だけのようにも思いますが、匂わす方はいらっしゃいますよね。

男性の友人によると、こういうタイプに属するヒト科の男性は、パーティーなどで初対面の相手と最初は腹の探り合いをしつつ、いざ名刺に書かれた会社や役職を見たり、出身大学をさりげなく聞き出して、「こちらのほうが上だな」と、ようやく落ち着ける方もいるそうです。これでは本当に猿山そのものですね（笑）。

こうしたヒトビトは、いったんマウントを取ったとなると、自慢のオンパレードがどこまでも続き、聞いて差し上げるのにも忍耐が要りますよね。兎にも角にも「すごいでしょう?」」の連発には、仮にこちらがそれより上の物を持っていたり、詳しい事情を知っていたとしても、知らないフリで「スゴーイ!」「羨ましい!」と驚いて見せるしかありません。

当然ながら、そこには共感はまるで生まれず、対話も成立しないまま。

こうした、傍から見て少し恥ずかしい感じにならないよう、常に意識しておくべきは「世の中、上には上がある」という当たり前の事実。それがあれば、たとえば自分のお気に入りを話す際にも「私はここが好きなんですけど、〇〇さんはもっといいお店をご存じでしょう?」という風に、ちょっとした可愛らしさと共に、情報共有をし「共感の種」を蒔けるのではないでしょうか。

そしてもう一つ、マウンティングとよく似て、しかもより乱暴な「会話泥棒」という亜種もいます。こちらは前触れも無く、いきなり人の話に被せて自分の話を始めたり、相手がまだ話しているのに待ちきれず強引に話を取って自説を展開したりします。やはり共感とはほど遠いやり方と言えるでしょう。

政治家が参加するテレビ討論の中には、まさに〝会話泥棒天国〟が展開されることも多く、仕切りもルールも無いまま我先にと話す無法状態に唖然とすることもしばしば。私の息子が小学生の頃、その様子を見て「人の話は最後まで聴かないといけないんだよねー。みんな人の話の途中で取っちゃってるから、学校だったら先生に怒られちゃうよ！」と言ってきましたが、実にごもっともでございました。

どこの世界にも生息している、マウンティングと会話泥棒。対話はまず尊敬心を持って、しっかりと耳を傾けることから始まります。自分は今、楽しく話しているなぁ～という時ほど、俯瞰した目で自分自身を見て戒める必要があるかもしれません。私も気をつけなくっちゃ！（笑）

To step up!

マウンティングと会話泥棒は嫌われ者。相手の話を最後まで聴くことで、自分にブレーキを！

Q 自分の常識が万人の常識とは限らず

最近多いSNSの炎上などは、他人のことを自分勝手に決めつけるせいで起こっているように思います。そうならないよう、気をつける点はありますか？


共感を阻む〝壁〟となるもの、その二番目は無意識の「カテゴライズ」です。

それはしばしば、次のような言い方でひょっこりと顔を出します。

「女性はフツー、甘い物が好きでしょ」

「外国人ならフツー、京都へ行きたがるんじゃない」

しかし、本当にそうでしょうか？

私の知人や友人を思い浮かべただけでも、激辛好き、お酒好きでスイーツが苦手な女子は何人もいますし、インバウンド客についても、ＳＮＳの拡散で思いもよらぬ場所に人気が集まっている例をよく見聞きします。

にもかかわらず、女性なら甘い物、外国の方なら京都、という決めつけになってしまう。そこでの〝決めつけ話法〟によく使われるのが「フッー」であり、それはしばしば「フッー～だよね」「フッー～でしょ」という構文で用いられます。

これこそ、より良いコミュニケーションのための共感を邪魔する曲者です。

この構文に当てはめて、物事を自分なりに整理することは否定しません。ただ、そう決めつけられた側はいい気はしないと思うのです。

先ほどの言い方で決めつけられた側の立場から、考えてみましょう。

「いえ、私どちらかと言うと甘い物は苦手なんです」

「いえ、私はアキバのフクロウカフェで、本物のフクロウと戯れてみたいです」

――と、はっきり主張できる人ならともかく、少し気の弱い方の場合、相手の決めつけに押し切られてしまうかもしれません。この、決めつけ話法としての「フッー～だよね」の根底にあるのが、最初に挙げた無意識の「カテゴライズ」です。

ここでは、こうしたカテゴライズを避けるため、「自分の常識が万人の常識とは限らず」という点を肝に銘じておくことをご提案します。常に謙虚な視点を持っておくことによって、対話におけるトラブルを避けることができると考えます。

そもそも常識というのは、時代と共に変化し、コミュニケーションのツールひとつ取っても、固定電話、インターネット、携帯、スマホと、主役が変わるごとに情報や知識、ものの見方、考え方……は、どんどん変わっていくものでしょう。多様性という点でも、住んでいる町内だけの人との交流から、インターネットやスマホを通じて世界規模のやり取りが当たり前の今とでは、広さと深さにおいて全くの別次元。

では、そうしたカテゴライズから離れ、共感を阻む壁をぶち壊すには、どんな点を心掛けるべきか？　長年に渡り染みついた感覚なので、この習慣となった見方・考え方を変えるのは簡単ではありませんが、誰でもすぐできるのが〝投げかけ話法〟の実践です。

「女性は、総じて甘い物が好きだと言うけど、あなたはどう？」

「外国人なら、大体、京都へ行きたいと捉えがちだけど、最近どうなんだろう？」

こんな風に、相手に対して自分の「フツー」を投げかけ、そこに当てはまらない新しい視点を教えてもらうのです。

私はこういったやり取りで「目からウロコ」と感じたことが何度もありました。自分の想定範囲を超えた答えが返ってきた時に、驚きと共に、「これは新たな情報、視点を得て、正に得した！」と思えるからです。

誰しも日常的には〝透明なメガネ〟をかけていますが、「フツーは」という固定観念のために〝色眼鏡〟で人を見てしまうところがあります。インタビューなどでも「……なんですよね?」と答えを決めつけた質問をされると、聞き手を立てて、その期待に応えようと否定できなくなるようです。結果、本当の気持ちを引き出せなければ、インタビューとしては失敗でしょう。だからこそ、いかに自分の「フツーは」を捨てて、ニュートラルな気持ちで人と向き合えるかが重要となります。

それによって、無意識のカテゴライズや狭い常識を手放せたら、会話は弾み共感も深まるはず。むしろ、自分の常識がアップデートできたことに喜びを見出せればハッピーになれそうな気がします。

To step up!

自分の常識≠万人の常識と知り、「フツー、〇〇だよね」という考えを手放しましょう。

Q

共感の〝押し売り〟にご注意

対話の場面で、知らず知らずに独りよがりの意見を押しつけてしまうことは意外に多いもの。どんな点に注意すべきでしょうか？

共感を阻む価値観の〝押しつけ〟は、時としてそれ自体「共感」の形を取って表れることもあります。

これは、コミュニケーションを上手に取ろうとするあまり、気持ちが先走って「あなたの気持ち、よーくわかります」という、独りよがりを押しつけることが原因です。

たとえば、産官学の様々な分野の第一線で活躍している女性に——

「男性中心の社会で、これまでさぞご苦労されたでしょう？　わかります、わかります！　私は、女性の皆さんにもっともっと多くの場で頑張ってほしいと、常々思っているんですよ」

というように一方的に言いまくる方がおられ、私なども大いに励ましていただくことがありますが、有り難いと思う半面、どこかムズムズとするような居心地の悪さを感じます。

もちろん、私も男性中心社会の理不尽さに悔し涙を流したり、ハラスメントに心折れたりしたことも少なからずあります。しかし、仕事の面では「第一号」と呼ばれる役目を多くお任せいただいたことに、やり甲斐と喜びを味わってきたのも事実です。生きているうちには、誰しも様々な苦労と楽しさがあると思っていますので、全面的に「苦労ばかりでしょ！」と共感されても、素直に感謝できないこともあるのです。

仕事に限らず、たとえば友人・知人との会話でも、押しつけの面では気をつけなければいけない点がありますね。

たとえば、大病の診断を受けたという人がいた場合、相手の内心にも構わずに「大丈夫、元気出して！　今はガンも治る時代なんだから」などと、一方的に元気づけた気分になってしまうこと。あるいは、受験に失敗した学生さんに「人生は長いんだし、また来年があるよ。さらに頑張ろう！」などと、いち早い気持ちの切り替えと前向き思考を押しつけてしまうこと。また、目の前の仕事で悩んでいる人に「そういうことよくある！　そんな時は、こうしたほうがいい、ああしたほうがいい。ぜひ、試してみなさい」などと少々、押しつけがましいアドバイスをすること。

こういった例は、自分としては相手の気持ちになって「良かれ」と思って話しかけているのでしょう。

しかしながら、言われた人はどう感じるでしょうか？　医師でもない立場で「治るから」と保証されたところで不安は解消されませんし、随分軽い感じで言ってるなぁ、と癇に障ることにもなりかねません。また、不合格でメゲている最中に「切り替えろ」と言われても、まだそのタイミングではないでしょう。悩みごとへのアドバイスにしても、あまり押しつけがましいと、相手の立場によっては断れず、かえってその人の悩みを増やす結果にもなりかねません。

こういうことは、どういうシチュエーションで起こるか考えると、相手が何らかの苦労や、つらさ、悲しみを背負っている場合が多いようです。そういう時に、同情する心ゆえに「わかります、わかります！」の決めつけ、押しつけが起きてしまうのでしょう。

ただ、ここでひと言断っておきますと、私は何も相手に寄り添おうとする優しい気持ちを否定しているのではありません。しかしながら、かける言葉によっては、相手から「共感の押しつけ」と取られかねない懸念があるので、こういった場合の言葉選びには慎重になろう、とご提案したいのです。

コミュニケーションにおいては、「共感」と「決めつけ」の違いを理解しておくことはとても重要です。

たとえば、初対面の相手と話す場合も、事前の情報から断定的に「わかっています！〇〇さんは、こうですよね」と言い切ると、相手にしてみれば「そんなことないんだけど」と思う反面、違うとも言いにくい空気をつくってしまうかもしれません。そうではなく、「こういう風に伺っていますが」と、せめて間接的な表現にしてみる。それだけで、相手の方も「そう思われているようですが、実は……」と否定しやすい空気が生まれてきます。

自分のどこかに客観的な視点を残しておくことが、自分の感情に押し流されないための〝防波堤〟になります。そして、受け手の立場になってどう感じるか、というところまで思いを馳せること――くれぐれも、踏み込み過ぎないことが大事ですね。

もう一つ、共感の〝押し売り〟を引き起こしやすい原因としては、配慮を欠いた相手の事情への「踏み込み過ぎ」もあります。

たとえば、相手との距離がそれほど縮まっていない段階で――

「ご結婚されたのはいつ？　お子さんは？　ご両親はご健在で？」

といった相手の家族構成や、未婚既婚などを臆せず尋ねる人に出会うことがあります。そうしたデリケートな点を早い時期に根掘り葉掘り聞くのは、あまり感心できません。私は基本的には、本人から話してくれるまでは聞かないようにしていますので、長年お付き合いのある仕事仲間でも、既婚か未婚かを知らない方が結構います。

共感は、強引につくろうとすべきではありません。まして、相手の全てを知ろうというのは、全く逆の結果をもたらすことさえあります。本心から寄り添う気持ちがあれば、敢えて触れずにおくのが賢者の態度――仮に相手が話してくれるなら「うん、うん」と心のこもった相槌を打つだけで、言葉以上のメッセージは伝わるものです。

To step up!

相手のことを決めつけていませんか？「〇〇ですよね」と言いそうになったら要注意！

Chapter 2

いざ、話す前にこれだけは準備しておきましょう

お会いする前に対話は始まっている

Q

初めての取引先と話す時など、どこまで準備をすれば安心して臨めるものでしょうか？　木場さん流の心得を教えて下さい。

近年の書籍のタイトルのトレンドに「○○は○○が9割」というものが結構あります。そこで、この章の内容はずばり「コミュニケーションは準備が9割」と言ってみましょう。

何事にも事前の〝準備〟というのは重要ですが、ことコミュニケーションにおいても全く同じです。初めての人との対面、新しい取引先への訪問、新規のプロジェクトに関するプレゼン……対象と目的、シチュエーションごとに、事前の準備をどれだけできるかで、その成果に大きな差が出ます。

その意味で、相手との対話はお会いする前に始まっている、と言っても過言ではありません。

私の場合、インタビューの際はもちろん、企業主催のイベントなどの場合も、前日まで相手先のことをできる限り詳しく調べ、準備することによって安心して当日を迎えたいと思っています。

インタビュー相手のパーソナルデータとしては――

- **生年月日、出身地、出身校、社歴、職歴、専門分野**
- **顔写真などお見かけ上の特徴**

などの基本的な点に加えて、

- **学生時代の部活動**
- **現在の趣味**

などなどをチェック。

企業であれば――

- **創業からの沿革、事業分野、主要取引先、主な本支社の配置**
- **現在の主力商品やサービス**
- **直近の決算や財務状況の概要**

といったファンダメンタルなデータと諸指標を初めとして、

・コーポレートカラーや企業目標など
・歴代社長などのキーパーソン
・同分野の競合企業について
・過去の不祥事など

このようなことをリサーチします。

これは、相手との共通点を見つけ、コミュニケーションの前提となる「共感」を生み出すためのものです。

それとは逆に「触れるべきでない点」を避ける上でも大きく役立ちます。たとえば個人の場合、折角、同じ趣味の話題で盛り上がっても、あまり立ち入り過ぎた話をすると、「場を冷やす」ことに。企業であれば、うっかりと競合企業のコーポレートカラーを身につけていたり、過去の不祥事を話題にしたりすれば致命的になりかねません。

私の場合、事前の準備には、各種媒体に掲載された過去のインタビュー記事などを集めて要点をまとめておきます。

相手がクリエイターの方であれば主要作品にはできるだけ目を通しますし、アスリートの方なら勝敗や記録の概略も把握。企業とのお仕事では、その会社のＨＰを手始めに、過去の社長インタビューや企業研究記事などをチェックします。

そして、これらのリサーチに当たって最も重要なのは、できる限り最新の「ホットなニュース」を優先することです。

その上で、個人であれば「先日の○○での記事、○○についてのご発言、勉強になりました」「最新刊、拝読しました。○○のくだりが印象的でしたね」と開口一番に。企業の場合は「最近、○○の新サービスを始められたんですね」「あの商品、すごくヒットしていますね。○○の機能が本当に便利です」などと名刺交換の際に声をかけるようにしています。誰しも「あなたに興味を持っています」と表明されて悪い気はしませんし、それが新しい話題、細部への言及であれば、それだけ好印象となるかもしれません。

ホットニュースや貴重な情報を集める際は、HPでは特に「News」のスレッドを注意して読み、CEOや担当の方のSNSなどがあれば、必ずチェックします。また、次の項目で触れますが、取材相手や企業に詳しい知人からは、とっておきの話やヒントをレクチャーしてもらうのもとても有効ですね。

いずれにせよ、相手に対して深く興味を持つという姿勢でいることが、より良い準備へとつながります。

その成果をどのように活かすかは、用意した質問や話の構成、あるいは現場での話の方向や流れに応じて臨機応変、ライブ感を重視しつつ判断することが肝要です。準備が上手くいったという自信があると、現場で落ち着いて対話ができますし、不安があるとそれだけで気後れしがちなもの。皆さんも、より良いコミュニケーションを生み出すため、考えられる限りの準備をすることから始めてみて下さい。

To step up!

時間のある限り「できるだけ詳しく」「最新の」情報を集めておきましょう。

自分だけのコメンテーターを

Q

本当に価値ある情報を限られた時間で集めるのは、簡単ではありません。情報収集のために、普段から心掛けておくべきことはありますか？

コミュニケーションにおいては、事前の準備をどれだけできるかが勝負、お会いする前に対話は始まっている。そのための準備として、最新のニュースを詳しく知っておくことが大切だとお話ししました。

ただ、本当に価値ある情報を集めるというのは、やってみると難しいものです。ネットは本当に便利ですし、最近は生成ＡＩという強い味方が登場して、知らない分野の情報でも一瞬で〝手に入れる〟ことができます。しかし上手に指示を与えないと、アウトプットされる量はしばしば膨大なものになり、その「山」を前にしてどこが肝なのかと、茫然としてしまうことはないでしょうか？

かと言って、従来型の検索エンジン頼みでは、それ以上に膨大なデータが「玉石混交」状態でどっと溢れ出し、上位に挙がってくる順序も企業などの特定の意図によって左右されることが多いとあっては、簡単には信頼できないでしょう。

ならばアナログでと図書館や書店へ行こうにも、そもそも出かけていく時間が無い上、知りたい分野について書かれた専門書や入門書は、専門用語の〝嵐〟や、ざっくり過ぎる記述が多く首を傾げるばかり。どこからどう読み、どう理解すればいいのか、最初はなかなか見えないと思います。取っ掛かりとなる情報の〝エッセンス〟や〝入り口〟を教えてもらえればいいのにと、溜め息をつくことも多いはずです。

私は、これまでに省庁の会議に都合70も参加させていただいていたようで、実に様々なジャンル、そして、新しいテーマとの出会いは〝未知との遭遇〟のような気分になることもしばしばです（笑）。また、パネルディスカッションのモデレーターのお仕事など、議題が専門的なものの場合は、各パネラーの皆さんがどんなご意見をお持ちかを事前に伺っておかないと心配です。誰が、どんな立場で、何を言いたいかを大まかに把握しておかないと、タクトが振れないからです。

そこで、私がネットや本の情報以上に頼りにしているのが、「脚＝現場」と「縁＝人脈」です。

うち、脚＝現場については、多数の施設を視察していますので、インフラが関係するテーマなら何とかこなせます。特に、エネルギーや環境問題に関するテーマでは、実際に施設を見ておくことで、そこで働く方から多くの情報収集ができますし、それによって自分独自の視点を獲得することもできました。

一方、ここでお勧めしたいのは「縁＝人脈」という、もう一つの頼れる情報源です。人生とは、日々新しい人との出会いの連続でできています。

誰しも、子どもの頃の友だち、学生時代の同級生や先輩・後輩、社会に出れば同僚や取引先、それ以外のプライベートな顔見知りまで、友人や知人は意外なほどいるはずです。

そうした友人や知人の中にも、自分にとって貴重な情報源になる人がいるものです。皆、感心するほど様々な専門分野を持っているので、ネットや本では得られなかった貴重な話を聞けたり、専門分野への入り口としてわかりやすい〝レクチャー〟をしてもらえたりする可能性があります。何より、核心に到達するためのリーチが短くて済みます。聞きたい分野にドンピシャの人がいなければ、そこに近い人を紹介してもらう手もあります。

かの番組でのタモリさんの名調子、「友だちの友だちは皆友だちだ」に倣って、可能性のありそうな友人・知人に紹介を頼んでみるという作戦です。この作戦で、私は少し楽をしながら、短時間でレクチャーを受け、仕事に活かしたことが山ほどあります。こういった場合は、漠然と尋ねるのではなく、相手の仕事や専門領域、業界などの条件を絞った上で紹介を頼むと、望む相手につながる確率はぐんと高まります。

ある時など、出会った翌日に専門性を頼ってお電話したことも――それは、パーティーで司会をしていた際に招待客として出席していた広告代理店の男性との名刺交換から始まりました。たったそれだけのご縁ですが、翌日、ピンときたので、図々しくもお電話をしてお願いをした次第です。簡単に説明しますと、ある省庁で国民の皆さんにぜひ広報したい計画があり、特に未来を担う若者たちに、との思いから大学生とのパネルディスカッションを企画したところ、「マスコミの取材が無さそう……」との相談を受けました。その省庁の若手職員たちが自ら企画・運営を手掛け、頑張っておられたので、何とかお役に立ちたいと考えた末、「そうだ、あの方は新聞に強いはず！」と事情を話してお知恵を拝借。結果、大手3社が興味を示し、うち1社が紙面とネットで大きめに取り上げて下さいました。まさに、広報のプロのお陰でした。

これまでに、この作戦で（図々しさで）いただいた情報にどれだけ助けられたことか。

正に、その分野に生きている方からの情報ですから、自信を持って仕事に臨めますし、具体的な事例が加わることによって会議やディスカッションが豊かになり、大きなプラスになってきました。

こうした有意義な「友だちの輪」は、自分だけの〝コメンテーター〟を数多く持つことで、どんどん広げられます。かかりつけ医や整体の先生には健康のことを、行きつけのレストランでは、素材や味つけについて。ご縁を活かさない手はありません。

つい先日も、TBSの同期の女性4人とランチをしたのですが、彼女たちはそれぞれが、コンプライアンスのプロ、報道のプロ、宇宙の専門家、メンタルの専門家。私がそこで悩みの相談をすると、角度の違うアドバイスが出るわ出るわ（笑）。そんな風に、様々な分野の専門家や事情通を持つことができれば、仕事に、プライベートに、頼れる存在になるでしょう。

もちろん、そのためには普段からの人脈づくりがものを言います。私はTBSを退社して32年も経ちますが、彼女たちをはじめ同期とは今もつながっています（最近、LINEグループもできました！）。とにかく、できるだけ多くの人に会う機会を捉え、分野、年代、性別など、特に自分とは異なる立場の方とご縁を持ち、これをつないでおくよう意識してみて下さい。

現在のビジネスでは、多様性が大きなテーマとなっており、あらゆる方々と交流し新鮮な意見を聞いてみることは、大きなヒントになるはずです。ご家族や親戚など、違う世代との対話のチャンスを活かせば、幅広い世代の声も自然に耳に入るもの。私も息子から、思わぬ視点を学ぶこともあります。

「袖振り合うも多生の縁」という言葉があります。かく言う私の信条は「世の中は運と縁とタイミング」、似ていますね（笑）――皆さんも自分の身近なご縁から、大きく広がる「情報のワッ」をつないで下さい。

To step up!

専門別に自分だけの「コメンテーター」を持てば、いざという時も安心です。

いつも〝メモ魔〟で

Q

折角の情報や勉強も、忘れてしまっては勿体無い話です。新鮮なうちに保存しておくには、どんな方法がいいでしょうか？

準備としてのリサーチがある程度のレベルに達すると、自分の頭の中で点だった情報が連なり、線としてストーリーになるのがわかる段階が訪れます。

それがインタビュー取材であれば、何を聞こうかという質問のリストへのプラス材料となり、独自の視点を加えられることになります。皆さんのお仕事でも、「この情報を加えると、より幅広いアプローチができそう！」と嬉しくなったことは無いでしょうか？　新しいアイデアが浮かぶと楽しくなりますよね。

私の経験で言うと、アイデアというのは具体的に「こうしよう」という形で降りてくることもありますが、その多くはごく断片的でまとまりを欠いた単語や文節のような言葉、あるいはちょっとしたビジョンとして閃くように思います。

しかも、それは時と場所を選ばずに不意に訪れ、そこで捕まえ損なうとすぐに形がぼやけてしまい、後になって「あー、あれ、何だったっけ？　いいこと思いついたのに？」と悔しがることもしばしば。そうならないよう、普段の生活においても湧いてきたアイデアを書き留めておく習慣を身につけると共に、そのためのツールを揃えておきたいものです。

書き留めるツールとしては、やはり手書きのメモがいいでしょう。

もちろん、スマホやパソコンに入力するというのもＯＫですが、私自身が少なからずアナログなせいもあり、「書く」という動作を通じて記憶したことは、後になってもそれが閃いた瞬間の感覚と共に浮かび上がる気がしています。

あとはメモを置く場所ですが、私は持ち歩くバッグに入れておきます。忘れた時は自分から自分にメールして送っておくこともあります。また、自宅では、枕元とトイレには欠かさずメモを置いておきます。

閃きというのは、一日のうちでも頭がボーッと空っぽに近くなる、眠りに入る前や、寝起き、あるいは家を出る前に靴を履いた瞬間、さらにはお風呂に浸かっている時やトイレにいる時に、フッと浮かんでくることが多いようです。

昔、中国の欧陽脩《おうようしゅう》という文人は、文章を考えるのに適した場所として、鞍上《あんじょう》（馬に揺られている時）、枕上《ちんじょう》（寝ている間）、厠上《しじょう》（トイレの最中）の「三上」を挙げたそうですが、時代は違えども同じ人間、よくわかる気がします。

そんな時、手近にメモがあれば、浮かんだ瞬間の形をそのまま、すぐに文字や図、絵によって書き残せます。一方、メモが無いと「ま、いいか、後で書いておこう」と思って二度と思い出せないことも。中でも一番困るのが、お風呂です。フーッと息を吐いた瞬間に閃いたりすると、大変です。忘れないよう、私はずーっと繰り返しつぶやき続けています。家族からは「また始まった」と笑われていますが。こうしてできたメモをクリップで留めて、講演やシンポジウムごとに台本に取り込んでいくのです。

私が大学で講義をした際に学生さんにお勧めしていたのは、「3行日記」というものです。その名の通り、手帖などにわずか3行でいいので、毎日何かしらを記すのが目的です。「この一日は絶対無二の一日なり」という姿勢が大事なのです。

私はこの言葉を、テニス指導者だった福田雅之助さんが記した「庭球規」の最初の文、「この一球は絶対無二の一球なり」から取りました。人生には同じような日々が繰り返されますが、全く同じ日は一日として無い。新たな発見、いつもと違うことを整理する習慣は、自分を見つめ直すと共に、思いついたアイデアを整理するためにも役に立つはずです。

良いアイデアは、外出先で舞い降りることも珍しくありません。メモを忘れた時はその場にある紙の類は何でも——カフェのペーパーナプキンや買い物のレシートの裏も使うので、うっかり捨ててしまわないよう気をつけています（笑）。

いざという瞬間には、すかさずメモを取れるような体勢を整え、準備万端でメモりましょう。

To step up!

メモは必ずその場で！　思いつきに備えて、枕元やトイレにもぜひ。

Q 時には用意したものを放り出す勇気も

事前の準備をすればするほど、現場ではそれを使いたくなるのが人情です。10の準備に対して、どれくらい活かせるのが理想でしょうか?

「準備」についての章の最後、皆さんに知っておいてほしいのは「時には、折角用意した準備を捨てる勇気も必要」ということです。

最初に「コミュニケーションは準備が9割」と言っておいて、そりゃ無いよ！と言われそうですが、そもそもコミュニケーションとは自分と相手の関係で成り立つものであり、こちらの思惑とは異なる場合もあると考えておくべきでしょう。

私の経験に照らすなら、事前に集めた情報は「10のうち3」活かせれば、大成功と言えます。

たとえばインタビューの現場にしても、こちらが投げた質問に対して思いがけない反応が返ってきて、続く質問をそのままでは使えなくなることがよくあります。そうした時、折角集めたネタだから使わないと勿体無い……なんて、強引に話題をそちらに引っ張ろうとすると、それこそとっておきの話を聞き損ねるかもしれません。どれだけ準備をしたとしても、相手の反応まで予測するのは無理ですから、そこは臨機応変に相手の流れに身を委ねるほうが賢明。その上で、出てきた話題と準備した情報がクロスするチャンスがあれば、改めて活かすことで対話は〝スイング〟し、共感に基づいたコミュニケーションが生まれます。

相手がこちらの調べたことについて話し始めた時も、「しめた！」とばかりに飛びついて「それ、知ってます」と、ドヤ顔で言ったりするのは感心できません。それよりは「わぁ、そうなんですか？」ととぼけて、驚いてみせるほうが相手は気持ちよく話せます。あるいは「そうなんですってね、私も最近知りました」なんて、知ってはいるけれど〝半歩下がる〟返事ができるなら、もはや上級者でしょう。

準備＝努力については、チラッと見せる程度がさり気無く、相手にも好感を持たれ、心を開いてもらえるもの。ただ、それが押しつけがましくなったり、自慢めいたりすると「野暮」ったくなってしまいますので、要注意です。

万全の準備や用意した構成を、できるだけ活用したいという気持ちもわかります。ただ、先ほども触れたように、コミュニケーションは両者の相互関係でどんどん変化する生き物のようなところがあります。いざ始まったのなら、ガチガチに構えるより、ライブ感を活かして楽しもうとするくらいのほうが上手くいくでしょう。

そのためにも、事前の構成にはいくつかの「シナリオ」を用意しておくことをお勧めします。分かれ道ごとに新しい話題へ移っていくプロセスをある程度予測し、シナリオAで始まった話が、途中でCに変わり、またAに戻って、最後はBでまとまる。そうした枝分かれも考慮しておけば、少々のことには驚かずに対話全体をコントロールすることができます。

ただし、そこまでしても事前の準備は「10のうち3」というのが精一杯かもしれません。では、残った7は全く無駄になるのでしょうか?

大丈夫、頑張って調べたことは、この先何年、いえ何十年経っても知識・情報としての価値が失われることはありません。実際、私の場合も別の相手、思わぬ分野で、以前〝オクラ入り〟した準備が活きた例はいくらでもあり、それは経験を重ねるごとに蓄積されて利子がつくぐらいです。

こうした点はまた、インタビューや顔の見える少人数の会議だけでなく、大勢の方を相手にした講演会でも同じです。

パネルディスカッションの場では、複数の登壇者がいますが、どなたか一人が持ち時間を大幅にオーバーすると、後続の登壇者の時間が足りなくなる例は少なくありません。私がパネリストの場合は、それに備えて、用意したパワーポイントのうち「ここ数枚は外しても大丈夫」「ここも割愛できる」という部分を想定し、超過した時間を自分の番で調整するのが〝得意技〟です。登壇前からプライオリティをつけて準備しておくと、「全部使わなきゃ」と思わずに済むかもしれませんね。

皆さんの場合も、時間の制限があるプレゼンの際には、ぜひ、この「サヨナラ」の順番づけを活用してみて下さい。

最後に、私が直面した最も予想外だったインタビューの例をご紹介しましょう。

相手は、あの小泉純一郎さん。現役総理大臣の折にお話を伺いました。

小泉さんと言えば、「郵政解散」の際の演説をはじめ、あの方ほどテレビのチカラに敏感だった政治家はいらっしゃいません。その最大の特徴が「15秒コメント」と私が密かに呼んでいるコメントの短さ。とにかく短い時間で次々に畳みかけてこられます。長々話しては視聴者にチャンネルを変えられてしまう。15秒間で言いたいことをまとめる——そんな呼吸を完璧に理解しておられました。

ところが、です。当日、思わぬことが起きました。30分のテレビ用のインタビューだったのですが、1問振ったら20分間お一人で話しっぱなしのミニ講演状態に。あの15秒ルールはどこへやら？「小泉政権、この1年を振り返る」との思いが一気に溢れ出した感じです。そのせいで、こちらが用意した質問はどんどん必要無くなりました。一体、いつマイクがこちらに戻ってくるのだろう？　その時、どうすべきか？　やはり、質問の漏れを補足すべきだろうか？……と、困惑の極みです。

腹を括った私は3日がかりで集めた情報も質問リストも全て放り投げ、当時、自分が困っていた「子育て環境」について思いつくままに質問しました。

お陰でと言うか、ケガの功名と言うか、厚生大臣（当時）のご経験も長い小泉さんは育児問題から少子化対策まで、力強く持論を語って下さり、冷や汗をかきつつ無事に取材を終えた記憶があります。

その後に行われた雑誌の対談では、いつもの小泉さんに戻られ、どのコメントも短い！　対談場所がお寿司屋さんだったので、目の前に出されたお寿司に「これ！　とこぶしだね。とこぶし！　とこぶし、美味しいよねぇ」と5秒です。

総理になる前と今とでは違った感覚はあるか？に「何かあると私のせいになっちゃう。天下泰平が一番だね」（5秒）、公邸でのキャッチボールはどなたと？に対しては

「人に迷惑かけちゃうから、一人で壁にぶつけてるよ」（5秒）、ストレス発散法は？とお尋ねすると「今日のストレスを明日のストレスが押し出す！」（3秒！）と元気に。でも、待てよ、何だかトコロテンみたいだけど、それってストレスはいつもあることにならない？なんて、後で疑問が湧くのですが、その場は勢いに押されてしまうのです。
この例などは「10のうち3」どころか、全てを放り出してしまったわけで、以来、私には怖いものはなくなりました（笑）。準備にしっかり向き合って、自信を持って臨んだ現場では相手とのやり取りの中で、その場その場の最良（と思える）の展開を選び取っていく――対話、コミュニケーションというのは正に生き物で、スポーツの試合にも似た、スリリングでワクワク、そして、ヒヤヒヤの体験なのかもしれません。

To step up!

3出せたら上出来、残る7もいつか役に立ちます。欲張り過ぎは、押しつけがましさのもと。

Chapter

3

話そうとすると緊張する、その原因はここにあります

Q

自分以上に見せようとするから緊張する

いざ話そうとすると、どうしても緊張してしまうという人は少なくありません。少しでも改善する方法は無いでしょうか？

「多人数の会議やプレゼンの場で、いざ話そうとすると緊張で頭の中が真っ白になってしまうんです」

「初めての相手を前に、アガらずに話すには、どうしたらいいんでしょう？」

講演に参加してくださった方々から、こうした内容のご感想やご質問をいただくことがあります。

いえいえ、私だって今でこそ落ち着いて話しているように見えますが、ＴＢＳの新人時代はできないことだらけで自己嫌悪の毎日でした。基本的な発音や息継ぎのタイミング、それどころか自然な笑顔や笑い声を出すのさえ、どれだけ試行錯誤を重ねたかわからないほどです。

そんな私が、今もフリーランスとして仕事を続けていられるのは、それらの経験を通じて気づいた、あるシンプルな〝真理〟のお陰なのかもしれません。

その〝真理〟とは――「人間、自分を良く見せようとするから緊張する」という、ごく当たり前のこと。自分以上に見せようとして、自分で自分の首を絞めてしまっているのですね。

最近は、皆さんも人前で話す機会がかなり増えたのではないでしょうか。仕事上の会議やプレゼン、プライベートでは冠婚葬祭の挨拶やスピーチなど。また、就職や転職などでは居並ぶ面接官の前で話さなければならないこともあるでしょう。そうした多人数の前で話をする場面では、ほとんどの方が心臓がドキドキと波打ち、手のひらに汗、表情は強張ってしまうことでしょう。

頭の中に湧いてくるのは「失敗したらどうしよう」「笑われたりしないかな」などのネガティブな言葉ばかり。いざ本番が終わっても、とにかく終えた安堵とは裏腹に「ああ言えば良かった」「話そうと思ったことの半分も伝えられてない」など、自分で自分が嫌になることもあるでしょう。

これは全て、自分を実際より大きく見せようとすることが原因です。

人間は、何かをしようとする時、それがパーフェクトに成功する様子、格好良く決まった姿を「理想」として抱きます。多くの人を前に、リラックスしてスラスラと話している自分、その場の全員が自分を見て、一言一句に耳を傾け、感心して頷き、心から拍手する――そうした理想を抱くことは、それ自体、目標として意識する分には大きな励みにもなるでしょう。

しかし、理想というのは簡単に実現しないからこそ、目標となるもの。

そこへ到達するために、この本もささやかなお手伝いができれば幸いですが、まずは多くを学び、経験を積み、理想の実現を見据えて、歩を進めていかなければなりません。それを忘れて、一足飛びに理想を実現しようとする時、私たちは現実とのギャップに否応なく直面し、心配や不安、自己嫌悪に駆られるのだと思います。

自分を自分以上に見せようとするから緊張する、というのはそういうことです。

人間は、自分以上には決してなれない。でも、自分以下になる必要も無い。にもかかわらず、自分で自分を金縛り状態にすることによって、自分以下になり、実力さえ出しきれないために、後悔が残ってしまうのではないでしょうか。

その、当たり前の点に気づき、受け入れることができれば、気持ちは一気に楽になります。

であれば、無理に自分以上になろうとせず、まずは今の自分を出し切ることを第一に目指してみてはどうでしょう。

話す仕事を始めて40年近くの私でも、「ああすれば良かった、こうすれば良かった」と後悔することが多くあり、100点満点は永遠に無いな、と思っています。ただ、そこに向かってどれだけ自分の今の力を出し切れるかが大事だと考えています。

皆さんの場合は、人前で話すことを仕事にしているわけではありませんから、いざ話し始めて、立て続けに噛んだり、つまずいたり、言葉が浮かばずに言い淀んだりしても、恥ずかしいことはひとつもありません。

「すみません、もう一回最初からやります」でもいいですし、「言い間違えましたので、訂正してよろしいですか」でも大丈夫。上手くやろうと緊張したあげく、ちょっとしたミスで頭が真っ白になるより、訥々《とつとつ》とでも過不足なく伝えることが大事です。

私も本番前はとても緊張します。でも、悩むのは本番前までにして、始まった瞬間から「なるようにしかならない」と割り切るようにしています。いざ、本番、相手に伝えたいことが伝わって、リアクションがあったと感じると、嬉しさがこみ上げて、どんどん乗っていく自分がいるのです。

ただし、今の自分をありのままというのは、成長しなくていいという意味ではありません。無理をしないことと、努力を放棄することは全く違います。

「進まざる者は必ず退き、退かざる者は必ず進む」とは、かの福沢諭吉の名言ですが、油断をすると明日の自分はすぐに今日の自分以下になってしまうもの。一歩、一歩でいいので前へ進んでいきましょう。

To step up!

「上手くやろう」という心が緊張の金縛り状態をつくります。まずは、日頃の自分を出すこと。

スマホを相手に、等身大の自分をチェック

Q

緊張せずに等身大の自分を出すというのは、簡単ではありません。どうすれば、できるようになるのでしょうか？

何事も現状把握があった上で、課題が見つかるものです。

初めての人を相手に緊張すること無く話すためには、まず今の自分を１００％出すことを目指す——そうお話ししましたが、では肝心の「今の自分」は？と考えると、これが案外あやふやなことに驚くのではないでしょうか。

自分自身を頭に思い浮かべる時、私たちは「こうありたい」という願望に引っ張られがちです。そのため、自らのイメージは多少なりとも美化され、等身大の今の自分を客観的に把握するというのは、意外に簡単ではありません。

私もアナウンサーを目指して就活をしていた頃、各社の現役のアナウンサーさんが講師になってのセミナーに参加する機会がありました。授業の一環で、録画された自分の顔を見て衝撃を受けたことを思い出します。普段、鏡などで知り尽くしているはずの顔なのに、「私って、こんなに目が小さいの？」「エラが張ってるの？」など、テレビのカメラを通じて映し出された自分の顔に衝撃を受けました。つくづく人は自分が好きではない箇所を外して、見たい箇所しか見ていないということに気づかされ、以後はメイクの際にもしっかり気を遣うようになりました。

自分で自分に気づかないと言えば、話し方に直接関わる声そのものもその典型かもしれません。聞き慣れた自分の声というのは、頭蓋骨の中をじかに響いてくるために、空気中を伝わって相手が知覚する声とは随分違うものです。実際、録音や録画をした自分の声に、違和感を覚えた経験はどなたにもあるでしょう。

そこで、等身大の自分の話し方を把握するためにも、お勧めなのがスマホを使った〝自撮り〟トレーニングです。かつては、自分の声を録音して聴くにもテープレコーダーなどを用意しなければならず、簡単ではありませんでしたが、今やスマホでいつでも手軽に動画が撮れる時代。自分が話しているところを撮って、確認してみれば、自分の声質や高低などのトーン、話すスピード、音量を知ることができるでしょう。

その場合、録画された自分をチェックする時は、あくまで聴く側に徹することが大切で、「声が低い、早口で聞き取りにくい、もっと大きな声で」などと客観的に評価するようにして下さい。できれば、ちょっとした言葉の断片でなく、近々発表するプレゼンの内容や、面接の際の自己紹介などのまとまった内容を撮ってみると、声質などの他に、話す時の表情、話自体の順序やメリハリなどもチェックできるはずです。

その上で、今度はそれらの気になった点を意識して、もう一度、同じように録画してみる。それを何度も繰り返すことで、等身大の自分を把握しながら、少しずつ話し方のチューニングをできます。スマホばかりでなく、時には家族や同僚などに、面と向かって聴いてもらうと、冷静な耳での有益なアドバイスをもらえるでしょう。

この方法を用いてチェックすると、気になる口癖があることにも気づくはずです。

一番多いのは、何かを話し出す前に「えー」や「あのー」と長く引っ張る癖です。これを言わないと調子が出ないわけです。たまにならいいですが、毎回必ずだととても気になります。練習によって無くしましょう。それから、人からの指摘に「でも」「いや」を連発すると、後ろ向きな印象を持たれかねないので気をつけたいですね。

最近多いのは、物事をはっきり言い切るのを避けるためか「〜な感じ」や「〜みたいな」と曖昧にぼかす人。それから、どこまでいってもマルを打たず、延々と「〜ですけれども」「ですけれども」で文章が終わらない人。ビジネスでの改まった対話や何かを決める場面では短い文にして、明確に言い切るほうが断然いいでしょう。

「～な感じ」には話の間口を広げ、周囲の共感を得ようとする配慮があるのかもしれませんが、こうした場面では自分の意思を明確にするほうが議論も深まり、印象に残るものです。ただ、曖昧とは違う意味で〝婉曲〟な表現というのもあって、ミスを指摘する時や否定的なことを話す場合は、「～なのは残念です」や「～なのは勿体無いと思います」といった表現のほうが、相手も受け入れやすくなります。

何事も現状把握があった上で、課題が見つかるもの。スマホを使って話し方をチェックし、課題を見つけることから始めてみましょう。客観的に自分の「今」を確認するいい機会だと思って、ぜひトライしてみて下さい。

To step up!

スマホで録画・録音し、自分の話し方を客観的にチェックすることを繰り返しましょう。

わからないことは素直に聞いてしまう

Q 相手とのやり取りで、わからない言葉が出た時、木場さんはどうされていますか?

以前の章で、「知っているふり」をすると話が深まらないという点に、少しだけ触れました。

実は、この「知っているふり」をやめることによって、自分自身が必要以上に緊張することを防ぐ効果があるのです。

対話の場で、自分の知らない言葉や話題が出ると、誰しも焦って「質問したら、無知だと思われないかな」とネガティブに考えがちで、つい「知っているふり」をしてしまいがちです。まずそれをやめてみましょう。微妙な笑顔で曖昧に相槌を打ち、その場はやり過ごしたとしても、頭の中ではいつまたその言葉や話題が出て、知らないことがバレないか心配でなりません。それでは、目前の話に集中できないのも当然です。

こうした場合は、前にも触れたように「不勉強ですみません」という便利な言葉を使い、すかさず聞くほうが精神衛生上も良いですし、余計な緊張せずに済みます。わからないことは「わからない」と言っておけば、後々「なんだ、やっぱり知らないんだ」ともっと大きな恥をかく恐れもなく、その場で「知っているふり」をしている（かもしれない）他の仲間？も知識を共有できて、共感が深まる（感謝される）でしょう。

また、「知らない」ということは、自分がそれに気づいていない場合もあり、傍から見て明らかにおかしな言葉の使い方（漢字の読み方やことわざなど）を、大人になっても続けているというケースは意外に多いものです。対話の中でそれを指摘されると、恥ずかしさに真っ赤になり、うろたえてしまうかもしれませんが、いっそ「ええー、そうだったんですか？　生まれてこの方、ずっとそう思ってましたー」などとやや大げさに、そして、その場の空気が和むように持っていくことも大切です。そこで、赤面したり、落ち込まれると、注意した人に気にさせてしまいますので……。こういう時の素直さや気配りが、相手との距離を縮めてくれることにもなります。

若い人の中には「知っていて当たり前のことを質問して、会議の流れを止めては申し訳ない」と遠慮する方もいるようですが、若いからこそ尋ねやすいものです。
私自身、取材の際はもちろん、パネルディスカッションの進行をしている時でも、わからないことはその場で尋ねます。「私自身」と言いましたが、その場で行われているセッションは、客席の皆さんに向けてのディスカッションなのですから、私がその方々の代わりに「わかりません」と言わなければ、皆さんそこに置いてけぼり……そんなことにならぬよう、お尋ねするのが使命だと思っています。そして、質問への返答によっては、少し大げさに「人生において初めて知った事実です」と反応すれば、答えた壇上の先生も乗っていけます。「わかる」「わからない」においても、心地の良いやり取りで情報を共有していけたらいいですね。

To step up!

「わかりません」と率直に認められる勇気は好感度大。双方に心地の良い情報共有を!

できないことは最初に言ってしまおう

Q

自分に不得手なこと、できないことがある場合、相手にどのタイミングで、どのように伝えればいいのでしょうか？

わからないこと、知らないことは「知っているふり」をせず、その場ですぐに質問しましょう、とお話ししました。

ここでは、それをもう少し広げて「できないことは、最初に『できない』と言ってしまう」という習慣を、お勧めしたいと思います。

誰しも、何かを頼まれれば、「できます」と返事をしたいものです。その仕事が、やり甲斐や挑戦し甲斐のあるもの、興味をそそるものであれば、なおさらでしょう。

一方、それが初めての分野で、自分の知識や経験が少ない場合、また物理的にスケジュールが厳しい場合などは、引き受ける際にその点をはっきり相手に伝えておくことで、のちのトラブルを防ぐことになると考えます。

たとえば――

「今度、新規事業を立ち上げるので、君、責任者になってくれる？」

と聞かれた時、ふたつ返事で引き受けるのではなく、

「ありがとうございます。ただ、私はその分野は経験したことが無く、知識がありませんが」

というように、あらかじめ〝宣言〟しておけば、

「問題無いよ、むしろ素人ならではの視点を大切にしてほしい」

「ゼロからの立ち上げだし、メンバーと一緒に勉強しながらで大丈夫」

などと、頼む側との間に合意が生まれます。

こうしておけば、いざチームを立ち上げてから「君、聞いてた話と違うじゃないか。そんなこともわからないんじゃ困るよ」というような事態にはなりません。事前に「できない」ことを明確にしておくことは、先々で相手に迷惑をかけないという点で、コミュニケーションの入り口における大切なマナーだと私はいつも思っています。

――以前、私にはこんなことがありました。

CSのあるチャンネルから、大相撲の地方巡業の実況をしないかと、お誘いをいただいた折のエピソードです。

私も、普段から相撲の中継を見たり、有名な力士の名前と顔は一致する、それぐらいの知識はありましたが、あくまでそのレベル。各力士のプロフィールなどの情報は事前に収集できるとしても、実況では勝敗の際に「決まり手」を言わなければなりません。「四十八手」と呼ばれる相撲の技を、短期間で確信を持ってアナウンスする自信はありませんでした。

それでも、「いただいたお仕事はお断りせず、一度はやってみる」というのが私のポリシーですので、仕事の入り口の部分で正直に話しました。「決まり手について、自信を持って言うことは難しいと思います。ですので、私がやれる方法を考えてきました」と。プロデューサーの方は、真剣に私の言葉に耳を傾けて下さいました。私は続けました。

「勝負がついた瞬間に、私が、『決まりました！』と言いますので、そこですかさず、解説の親方から『上手投げ！』という風に決まり手をコメントする。こういう形でしたら、やれそうに思うのですが」

よくよく考えたら、野球の実況などでもピッチャーの球種についての技術的なところは、アナウンサーは決めつけずに解説者に聞いているので、それほどかけ離れた話でもないかな、と。ただし、わからないなりに勉強を続け、いつかは決まり手を言えるように頑張らなくっちゃ！と心に誓ったのはもちろんです。

かくして、私の大相撲巡業は始まりました。本場所とは違ってリラックスした雰囲気もあり、その地域のご紹介や親方の思い出など、私なりに初心者の視点で相撲にまつわるエトセトラなどを教えていただきながら、楽しく関わっていたのですが……ある日のこと、初めてご一緒したディレクターの方から「あなたは、決まり手も知らないで相撲の実況をやってるの？」と、批判めいた口調で尋ねられました。

どうやら、本社のプロデューサーの方から話を聞いていなかったようです。本社とこの方とのミスコミュニケーションだったとすぐにわかって、ひと安心。

兎も角も何とかこのお仕事ができたのは、入り口の段階で「できないこと」をきちんとお伝えしてあったからだと思います。

良きコミュニケーションというのは、それに関わる全員の信頼関係が成り立っていることが大前提です。そしてその信頼は、各々がハッタリや掛け値なしにできるだけ正確な情報を提供することによって、強固なものになります。

期待を裏切りたくない、不安はあるけれど挑戦してみたい、相手に対していい顔をしなくちゃ……様々な理由はあっても、自分を無理に大きく見せようとすることは、結果として相手を失望させたり、トラブルを起こして迷惑をかけたり、最も大切な信頼関係を壊すことにつながります。

何よりも「できない」ことを「できる」顔でいるというのは、当の本人が「いつバレるか」と心落ち着かず、ドキドキするもの。逆に、その点を最初からオープンにしておけば、対話の際にも無用な緊張をせずに済みます。その上で、「(今はできなくても)勉強します！」という熱意を見せれば、好感度は大になるはずです。

To step up!

できないのにできる顔をするのは、相手に迷惑をかけるもと。最初にきちんと伝えましょう。

苦手な人と対話できたら上級者！

Q

人間、どうしても「苦手な人」というのがいるものです。そういう人とはどう話せばいいのでしょうか？

この本をまとめるにあたって勉強をしようと、最近話題の「話し方」「聞き方」などのコミュニケーション関連の本を何冊か読みました。

いずれも様々な考え方やノウハウが紹介されており、大いに参考になりました。ところが、ある本では、苦手な人との接触を避けるよう勧めていて少々驚きました。

しかし、実際のビジネスの場では「あの人は苦手だから」と、避けて通るわけにはいきませんね。敢えて話す必要のないシチュエーションであれば、無理せず沈黙を通す選択もあるとは思うものの、そうしているといよいよ苦手意識は募って、たとえば

「報《ホウ》・連《レン》・相《ソウ》」といった基本的なことも滞ることになりかねません。

これはある種の〝挑戦〟となりますが、あまり深刻に捉えずにRPGゲームのようなつもりで色々と攻略法を試してみる。コミュニケーションの「経験値」を上げるいい機会という程度に考え、焦らずにトライしましょう。

ここでは「苦手な人」というのを、たとえば職場の上司や同僚、あるいは関係の深い取引先の担当など、毎日の仕事の中で避けられない関係、絶対に付き合わないといけない人。その人について明確な理由が無く、性格上のソリが合わない人と設定してみます。

まず最初に、相手をよく観察することから始めましょう。緊張につながる不安や恐れというのは、当の相手のことがわからないほど強く感じられますので、苦手だからと見ないようにしていると、ますますわからない部分が増え、苦手意識が募るのは当然です。

自分は、その人のどこを苦手と感じるのか？　過去に苦手だった人との共通点はあるのだろうか？　周囲でその人を苦手としていない人は、どんな風にその人と接しているのか？　苦手にしていない人に、その人の良いところ、魅力などを聞いてみるのも参考になるかと思います。こうやって分析をしていくにつれ、不安や恐れ、苦手意識が小さくなれば第一段階クリアです。

　このようにして精神的ハードルが少しでも下がったら、最初は明るく挨拶することから始めてみて下さい。この〝挨拶作戦〟、実は現役時代に夫が指導者に対して行い、大きな成果を挙げたようで、以来見習っています。自分が苦手だと思っていると、その負のオーラは相手にも伝わって、相手もそう思っている可能性大です。もっとネガティブな人なら「この人は自分を嫌いに違いない」と決めてかかっているかもしれません。しかし、そんな相手から、会うたびに「おはようございます！」「お疲れさまです！」と、明るく挨拶されたら、どう思うでしょう。「あれ、この人、自分のことを嫌いなのかと思ったけど、自分の勘違いだったのかな？」そう思わせたら、第二段階クリアです。

　これで、その人がニヤッとでも笑ったら、しめたもの。あとは少しずつ距離を縮めて、趣味の話や最近のちょっとした話題など、試しに話してみましょう。きっと、前よりは緊張やストレスも小さくなっていることに気づくはず。

　ここまでいけば、あなたはもうコミュニケーションの上級者です。

　まず、自分が相手を苦手と思う理由を自分なりに分析し、一方で少しずつ近付く努力をする。私の経験では、こうした努力で苦手意識の8割は激減して楽になると思われます。ぜひ試してみて下さい。それでもダメなら、諦めるという選択肢もやむを得ないでしょう。

そこで初めて「そういう人は避けましょう」となっても、仕方が無いかもしれません。

To step up!

苦手な相手との会話は「経験値」を上げるチャンス。攻略法を試してみましょう！

リーダーは、指示よりも一緒に考える姿勢を

Q

同じリーダーでも、話しやすいタイプとそうではないタイプがいます。この違いはどこにあるでしょうか？　このお答えは、リーダーの方に向けてお願いします。

ここまで、主に話す側の緊張を和らげるための心掛けについて、色々と考えてきました。

ビジネスの現場ではリーダーとスタッフの間で、いわゆる「報・連・相」を基本に多くのシーンで言葉のやり取りがありますね。当然、リーダーの対応ひとつでスタッフの「話そう」とする意欲も大きく変わってくると思います。

こうお話しすると、管理職の皆さんは「報・連・相はビジネスにおける情報共有の基本のキ、こちらが言わずともスタッフの側が進んでやるのが当たり前」と心外に感

じるかもしれません。しかし、時代と共に組織文化も少しずつ変わり、それにつれてリーダーのあり方も10年、20年前とは大きく変化することが求められています。

具体的には、かつての「オレについてこい」式のマネジメントではなく、相手と同じ目線に立って、並走あるいは後ろから背中を押してあげるような管理と指導——いわゆる〝サーバント型〟のリーダーシップが、今のビジネス現場にはフィットするのだとか。多様な価値観を持った部下からの意見を取り入れ、組織力を高めることが重要なわけです。まず、リーダーが部下の話を傾聴し、コーチングやメンタリングによって、部下と共に協力して目標を達成していくのです。そこでは傾聴が重要となりますので、コミュニケーションにおける「聞き方」にも、工夫をしないわけにはいきません。

では、話し手であるスタッフにリラックスしてもらうため、リーダーはどんな点を重視すべきなのでしょう？

答えはずばり、相手が話しやすい〝空気づくり〟を心掛けるということです。

もしも、あなたがリーダーだとして、機嫌の良し悪しを態度や顔に出したりしていませんか？　人間である以上、その日、その時に応じて何となく機嫌が良かったり、悪かったりすることは避けられないでしょう。さすがに、それをストレートに出してしまっては、話す側は戸惑ってしまいます。

「急ぎで相談したい件があるのに、今日は課長、何となく不機嫌なムード」

「なんだか話しかけにくいなぁ……」

「朝からムスッとして、イライラしてる感じがするから、また今度にしよう」

そんな風に思わせていては、情報は十分に集まらず、気づいた時は〝賞味期限切れ〟で間に合わない、ということにもなりかねません。

そこで、相手の話しかけやすい空気をつくるため、まずはこちらから折に触れ声をかけることから始めましょう。

その場合に注意してほしいのは、声かけが「詰問」にならないようにするという点で、「あれ、どうなってる?」とぶっきらぼうに聞くと、部下には「こちらから聞く前に言ってこいよ」という風に聞こえ、デリケートな若手はそれだけで緊張してしまいます。そうではなく、「あの案件で、何か困ってるところは無い?」と質問し、水を向けることが、話しやすくさせるコツです。

一方、部下からの問いかけにも配慮が必要です。忙しい場合も、いったん書類やパソコンから目を上げ、笑顔で「何?　相談ごとかな」と返して下さい。本当に時間が取れなければ「5分だけ、待ってもらえる?」「今、ちょっと手が離せないけど、午後なら大丈夫」などと具体的に言ってあげれば、相手は緊張すること無く、あなたの思いやりに感謝するでしょう。

さらには、話を聞いてみての答えも、「じゃあ、○○して！」という単なる指示に終わらせず、「どうしたらいいか、君の考えを聞かせて?」や「どうやったら上手くいくと思う?」と質問の形で投げ返してみて下さい。そうすることで、相手に考えさせ、成長へのチャンスを与えることも可能です。

近年よく言われる「心理的安全性」というほど、堅苦しく考える必要はありません。チームを良い結果へと導く、リラックスした空気と活発な対話。それを生み出すためにも、普段から話す側、聞く側のそれぞれが相手を気遣う姿勢を大切にしましょう。

To step up!

まずは部下の言葉に耳を傾け、指示よりも質問で話しやすい関係を。

Chapter 4

ちょっとした工夫で、言いたいことはしっかりと伝わります

Q

対話を通じて自分の存在感を示す

折角、コミュニケーションをするなら、自分の「印象」を相手にしっかりと残したい。木場さんはどんな点を意識していますか?

この章では、これまでのお話を土台に、もう少し実践的な部分に踏み込んだ対話の心構えについて、私なりの考えをお伝えしていきましょう。

今、「伝えて」と言いましたが、プロローグでもお話ししたようにコミュニケーションにおいては、「伝える」と「伝わる」の双方向共に満足できることが重要です。

特に「しっかり伝える」ことは大事で、たとえばプレゼンなどで、30分なり1時間なりの間に話した全ての内容を相手の記憶に刻みつけるのは、まず難しいでしょう。人間の記憶には限りがありますし、集中力もそう長くは続きませんので、メッセージの伝わり方にはどうしても個人差が出てしまいます。

そこで最初に目指してほしいのは、コミュニケーションを取る際に一つでも、二つでも、相手に〝爪痕〟を残すということ。〝爪痕〟などと言うと、何だか痛そうな感じですが、これを「印象」あるいは「存在感」と言い換えれば納得してもらえるでしょうか。折角、対話をするのなら、あなたという人に会った、話した、面白かった、役に立った……ということを胸に刻んでもらう。その爪痕＝印象が「また会って話したい」という相手の反応を引き出し、次の機会へとつながっていくはずです。

とりわけ、私のようなフリーランスの場合は、この「爪痕」が自分への評価に直結します。そのために事前の準備をし、挨拶や自己紹介にも気を配り、相互の共感を確認し、チャンスを活かせるよう努めます。

ただ、発言内容は自分が心から思っていることでなければなりません。ネットなどで誰かが語っていることを引っ張ってきて、自分の意見のように言ってもダメ。それは、「何でそんなこと言うの?」と聞かれた際に説明ができないからです。

8年ほど前に海上保安庁の船舶交通安全部会という会議に参加していました。港内における船舶交通の安全と、港内の整頓を図ることを目的とした法律に「港則法」というものがあります。その日は、この法律のうち「雑種船」と呼ばれる船のグループについて、その対象範囲を明確にしよう（大きさについて規定をし直そう）という内容でした。

そこで、私は思わず手を挙げました。

「あの、何かを種別する際に、あなたは『雑種ね』と言われて嬉しい人はいません。決していい言葉とは思えません」

さらに、

「ここから先は議事録に残さなくて結構なのですが、ペットを飼う者としましては、犬の飼い主同士の会話の中で、他人の犬を『雑種』と呼ぶのは失礼なので、避けています。今は『ミックスちゃん』と呼んでいます。ですから、今回は大きさの規定と同時に、言葉にも配慮して名称も変更してはどうでしょうか？」

結果として、こうした提案に耳を傾けていただき、後日、海保の担当者さんが変更の意向を伝えて下さいました。やはり、歴史の長い法律でもあり、外部の人間から一般的な感覚で発言してもらったほうが変更をしやすかったようで、「港則法」第3条第1項の「雑種船の名称及び対象範囲の変更」として、２０１６年11月に改正港則法が一部施行。「雑種船」が「汽艇等」となり、対象範囲が変更されたわけです。

このように、対話で爪痕を残すには、コモンセンス（共通の感覚）を大切にし、共感を得ながら、自分なりのオリジナルな視点（ここではペットを例に）を印象づけていく方法が最も説得力があるように思います。国の会議を例にしたので、大げさに感じるかもしれませんが、この点はどんな会議でも同じはずです。対話において爪痕を残す大切さは、広くビジネスパーソンの皆さんにとっても変わりはないでしょう。

余談ですが、後日、こんなことがありました。水上オートバイの団体に呼ばれて講演をした直後に、参加者の方からこう言われました。

「港則法で僕たちは『雑種船』だったんです。変えて下さって気分が良いです！」

思いもよらぬお礼に驚きましたが、発言することで何かが変わり、「次につながる」と実感できたのです。

皆さんも、次の会議では自分の存在感をちょっぴりアピールしてみませんか？

To step up!

自分だけのオリジナルな視点を一つでも織り交ぜて、爪痕＝存在感を示しましょう。

事前に全体の構成を考えれば半分は成功

Q

会議やプレゼンなどは、全体の流れを意識して組み立てる必要があると思います。木場さんは、スピーチの際にどんな構成をされますか？

対話において、言いたいことをしっかり「伝える」ためには、話す内容を決め、その整理から始めます。その後に、話す順序、話す速さ、話す声など、考えるべき様々な点があります。

中でも成功への鍵となるのが、全体の流れを意識した構成を事前に考えておくということです。

構成を考える場合は、とにかく「わかりやすく」を第一に、大きく3つの部分に分けて考えることにしています。

①最初の5分、②本論、③最後の5分です。

まずは、①の最初の5分から——これは聞き手と自分が「向き合う」ための段階であり、前に話した「共感」を生み出すための時間と言っていいでしょう。

どんなに優れた内容の話でも、全くの前置きなし、挨拶も抜きで「今日は〇〇における〇〇について話します」といきなり始めるのは、それが専門家ばかりの学会やシンポジウムなどでもない限り、お勧めはできません。落語における「枕」ではありませんが、聞き手の注意を自分に向け、これから始まる本題へと導いていく段階では、少し自分の人柄なども感じてもらうようにできたらと思います。

と言っても、特別なことをしたり、奇をてらったりする必要はありません。

無理にウケをねらって空回りをするのではなく、聞いてくれる皆さんに感謝の気持ちを込めて挨拶をする。たとえば、講演やプレゼンなどでは時候の挨拶が良いでしょう。「昨今の温暖化はより激しくなっていますね。こんなにお暑い中、足を運んでいただきありがとうございます」と感謝を述べたり、取引先へのプレゼンなら「御社の〇〇は絶好調ですね！」などと最新のグッドニュースに触れてみたり、互いの距離を縮めることを意識して下さい。

こうして場に共感が生まれたところで、②の本論について、粛々と進めていきましょう。所々に、プレゼンの大きな目的である〝爪痕〟が残せれば、上々です。内容については、次の項で触れることにします。

いよいよ、③最後の5分。ここでは、話全体を振り返った「まとめ」をしておくと、伝えたいポイントが印象としてしっかり残ります。

私の場合、講演の時は――「今日は○○についてお話ししました。色々お伝えしましたが、『今日のポイント』のスライドを使って3つ振り返ってみましょう」といった締めた方をします。または、最後に、関連のあるとっておきのエピソードを披露して笑いのうちに終えることもあり、会の趣旨や聞き手の顔ぶれによって臨機応変に対応します。いずれにしても、ラストコメントは、聞いていただいたことへの感謝の気持ちを表すことが重要です。

ビジネスパーソンの皆さんには、会議やプレゼンの場面が多々あると思いますので、あなたが司会役だったり、発表者だったりする場合は最後に、議論の整理をし、感謝のコメントを述べることがとても大切になります。

「ということで、今日のこの会では、○○と○○の2点が決まりましたね」や「次回の会議では、課題となりました○○について話し合うことにしましょう」などとまとめ、合意が取れたこと、次回までにやっておくべきこと、調べて報告すべきことなどを全員で共有。最後は「有意義な時間を、ありがとうございました」という感謝の言葉で締めくくると、爽やかな空気が流れること間違いなしです。

コミュニケーションの場では、盛り込まれた内容（本論）が最も重要であるのは当然ですが、全体の流れをつくれれば、それだけで半分は成功と言っても過言ではないでしょう。「最初」と「最後」にもぜひ意識を向けてみて下さい。

To step up!

最初の5分で互いに「向き合う」姿勢をつくり、最後の5分で「印象を残す」こと。

Q

伝えたいことは3つ以内に絞る

限られた時間で、伝えたい内容をスマートに、そして確実に印象づけるために、木場さんはどんなことをされていますか?

プレゼンや会議の場での発表の際、全体の流れを意識して構成することの大切さをお話ししました。ここでは内容についてお話ししたいと思います。メインとなる本論の内容を吟味しておくことは、しっかり「伝える」上でとても重要だからです。

こうした場合、話し手としては、とにかく言いたいことがたくさんあり、その全てを伝えたいと思うのが人情ですね。しかし、それを時間内に全部詰め込んでは、相手の印象はかえって散漫になり、肝心の〝爪痕〟を残すこともできません。そして、こういう時は得てして早口になり、相手にとっては聞き取りづらくなりますから、たくさん伝えるつもりが全く伝わらない、残念過ぎる結果になりがちです。

それから、よくある注意すべき話し方に、「一番大事なのは」や「ここが一番大切なところで」を〝連発〟するというパターンがあります。

お話を聞いていて、始まってすぐに「一番大切なのは！」といきなり飛び出し、こちらとしては「おっ？」と謹聴するのですが、その3分後にはまた「ここが一番重要で」と念を押され、さらにその5分後にまたまた「これから最もキーになるポイントを」と畳みかけられると、こちらとしては「え？　え？　え？」と戸惑うばかり。どれが本当におっしゃりたいポイントか、わからなくなって全体の論旨もゴチャゴチャになってしまいます。

この場合、おそらくは「一番大事なのは！」というフレーズが、話し手の方の一種の口癖になっているのでしょう。もともと話すべきポイントが整理されておらず、全てが強調されているのです。だから、つい、つなぎとして「一番大事」が口をついて出てしまうため、聞き手としてはかなり混乱してしまうのですね。

こうしたことを避けるため、注意してほしい点は二つあって――

①「話のポイントを絞る」という〝整理〟の面

②「話の順序を考える」という〝編集〟の面

これを意識するだけで、難しいテーマ、ややこしい話であっても、しっかり伝えられるようになります。

この項ではまず、①の「話のポイントを絞る」、〝整理〟の面について、お話ししましょう。

この場合、ポイントの数はできる限り少なくなるよう、絞り込んで下さい。具体的には1時間程度の話に3つ以内が理想で、これが5つになると聞き手の皆さんの多くはもう追いかけきれませんし、印象も薄まります。

3というのはなかなか意味の深い数字で、3つの点があれば平面が決まりますし、身近なところではジャンケンのグー・チョキ・パーや、野球の三振、3タテ、スリーアウト。さらには、桃太郎の犬・猿・雉など、トライアングルのセットは私たちに最も馴染み深い数字と言えます。それにあやかるわけではありませんが、私の経験でもポイントは3つ、というのが聞き手にとって理解しやすく、記憶にも残りやすい数であることは確かです。

しかし、話したい内容が数多くある場合、3つのポイントに絞るには、どうしたらいいのでしょうか?

こうした場合は、頭の中であれこれと考えるより、まずはノートやパソコンに思いつくままに個別の内容を書き出すことから始めてみて下さい。

その上で、共通点のある内容をグルーピング（この時、グループごとに「〇〇について」などと仮タイトルをつけておくと、なおいいでしょう）したり、枝葉の説明などは思い切って捨てたり、いくつかに絞ったグループ同士をさらに取捨選択することを繰り返します。そうした整理ののち、５つ６つに絞れたところで各タイトルを箇条書きにし、全体のテーマに沿って残すものと捨てるものを決定。最終的に３つに絞れれば、グッドです。

このプロセスは、たとえば部屋の〝断捨離〟に近いかもしれません。

断捨離では「いつか使える」「どこかで使える」「何となく残したい」という思い込みを捨て、思い切って手離すことが重要になります。それと同じで、自分のこだわりをちょっとだけ引いた目で見て、聞き手の側に立った選択をするのが、多くの話題を上手に整理するコツと言えるでしょう。

しかも断捨離とは違い、整理の段階で捨てた内容は、当日の質疑応答などで活かせますし、次の機会にメインの話題として使うことも可能。プロ野球で言えば、「今はファームで頑張ってくれ、時機がきたら一軍に上げるから」と保留されたネタたちに、声をかけてあげて下さい。

断捨離を済ませた部屋がすっきり片づき、居心地の良い空間になるのと同様、上手に整理された話は、曖昧な点やわかりにくい部分が削ぎ落され、洗練されたものになります。それはまた、本当に言うべきことをしっかり「伝える」という点で、相手に対する〝聞き心地〟の良さを感じさせるに違いありません。

この、内容の整理という考え方は、もちろん日常のごく簡単な会話にも応用ができるでしょう。その場合、話の最初に整理した数字を伝えるようにすると、さらに要領よく、クレバーな印象を与えられます。

たとえば上司への報連相の際など――

「本日のご報告は3つあります。一番目は……」

と始める習慣をつけてみて下さい。実はこれ、国の会議に参加するようになった20年ほど前から真似ていることです。委員の皆さんは、企業のトップや研究者など場数を踏んだ〝切れる〟方々ばかり。共通していたのが、最初に数字を示すこと。「私からは質問を2つと意見を1つ」という風に、数字を言えるということは事前に頭が整理されている証拠です。試しに、皆さんもトライしてみて下さい。

さて、冒頭の「一番大事な」に並んで多いのが「最後に」です。「最後に」で終わるのかと思うと、また「最後に」と何度もおっしゃって、「いつ終わるんだー?・」と突っ込みたくなる方、いますよね。かく言う私は、出だしに「やはり」をつける癖があり、注意すべきは人それぞれ――

「このように、自分の癖を把握するのは結構難しいですが、あとで議事録を確認したりして、ぜひ掴んでみて下さい！」と、最後に申し添えさせていただきます（笑）。

To step up!

最初に、伝えたいことを箇条書きにし、曖昧な部分を削ぎ落していきましょう。

話す順序は様々、大事なのは〝掴み〟

Q

話の組み立てを上手につくるためのコツ、話の順序のつけ方はどのような点に注意すればいいのでしょうか?

伝えたい内容を、しっかり「伝える」ための本論の組み立ての注意、ここでは先ほど挙げた②の「話の順序を考える」、〝編集〟の面を考えたいと思います。

折角苦心して整理をし、3つのポイントに絞ったとしても、それをどういう順番で話すかに気を遣わないままでは、聞く側の興味や理解度は上がりません。

ここでも、まずい例を一つ挙げておきましょう。

「小学生の作文スタイル」とでも呼ぶべきパターンです。

小学校低学年の頃は、遠足などへ行った後に「作文を書きましょう」と課題を出されると、私もそうでしたが、当日の朝起きたところからの出来事全てを時系列に洩れなく綴っていこうとします。

――あさ目がさめました。はをみがいて、顔をあらいました。ふくをきて、ごはんを食べました。リュックをせおいました。ドアをあけて、家を出て、学校に行きました。学校についたら、○○くんがいました。みんなで校ていにならびました……。

この調子では、みんながバスに乗るのは、いつのことになるのでしょう?

皆さんは笑うかもしれませんが、実際、こうしたスタイルの話し方をする方は決して少なくありません。

たとえば新製品の開発に関するプレゼンをする場合、ポイントを「1.開発の背景と経緯」「2.用いられた新技術」「3.完成した製品の紹介」の3つに絞ったとします。時系列的には、ほぼ1~3の順序になると思いますが、これをそのまま話してしまうと、15分もすれば「もう、背景はいいから」と聞き手は確実に焦《じ》れてくるでしょう。

それが20分を過ぎた頃に「それでは次に、この製品の核心となる新技術についてお話しします」ときても、すでに飽きていて肝心の新製品への興味を失ってしまいかねません。

一方、挨拶が終わってすぐ、新製品そのものが登場したり、デモ用の動画が披露された場合はどうでしょうか？

おそらくは、「ほう！」「素晴らしい！」「いーねぇ」と全く違う反応になるはずです（時には、挨拶抜きでいきなり動画が流れるというのもインパクト大）。そうして、聞き手とこちらの共感が生まれたところで初めて、ポイントの1や2を伝えれば、新製品の存在感は確かな〝爪痕〟となって残るに違いありません。いわゆる「掴み」というのは、相手に興味を持ってもらう、という点で有効な演出なのです。

ポイントの整理については〝断捨離〟にたとえましたが、こちらのプロセスは本や雑誌の〝目次〟づくりに似ているかもしれません。

手近にあるビジネス書を開き、目次を眺めてみて下さい。

そこにはきっと、書かれた内容を読者に向けて最大限「伝える」ための、編集スタッフの工夫が盛り込まれています。

身近な事例から少しずつテーマを広げていったり、大きな課題を示した上で解決策を一つずつ提示したり、メインとなる考えをドンと見せた後で背景や応用を紹介したり、と読み手の興味を引く工夫がなされています。もちろん時系列に沿って順々に展開するケースが向いていることも実際にはあるでしょう。

いわゆる、「起承転結」をはじめ、ストーリーの組み立てを考えるやり方は様々ですが、考えるべきは常に聞き手の「興味」と「わかりやすさ」という点です。それを忘れると、話し手の「この展開、すごいでしょ」という自己満足ばかりが目立って、共感を得にくくなる場合もありますので、凝り過ぎには要注意です。

聞き手にしっかり「伝える」ため、名編集長になったつもりで、素敵な〝目次〟をつくってみて下さい。

To step up!

①時系列、②インパクト順、③親近感の湧く話題から……など、自分の〝目次〟を色々試しましょう。

Q いかに実感を持って話せるか？

同じテーマについて話しているのに、人によって説得力が違うのはどうしてでしょう？　木場さんは、どんな工夫をされていますか？

対話を通じて〝爪痕〟を残すには、自分だけのオリジナルな視点を盛り込むことが大切という点を、この章の初めにお話ししました。

すると、皆さんの中には「そりゃあ木場さんは仕事柄、色々と情報も集まるだろうけど、普通の生活をしていたらそうそうユニークな視点は生まれてこないよね」と、お思いになるかもしれません。

いえいえ、そんなことはありません。

確かに、取材などで貴重なお話を聞く機会は、皆さんより少し多いと思います。しかし、そうした専門的な情報以上に、ごく身近な、地に足の着いた生活の中にヒントがある場合が多い——そう言ったら、皆さんは驚かれるでしょうか？

たとえば、私はスターバックスでひと息入れるのが大好きです。

自宅の近くには何年越しで行きつけのスターバックスがあり、仕事で各地に出かける時は、その町のスターバックスに必ず立ち寄ります。行きつけのお店のスタッフの方とは、ほぼ全員顔見知りで、お互いの近況などを語り合います。

私のお気に入りのスタバラテですが、一番小さいショートとその次に大きいトール、共に使用するエスプレッソの量は同じだということをご存じですか？　なので当然、トールのほうが薄い感じになるわけです。濃いほうが断然好きな私は、トールにエスプレッソを1ショット追加してもらいます。これが定番となって、違う物をオーダーすると「あれ、今日は違うんですね？」となります（笑）。仕事現場でコーヒーの話になると、必ずスタバの「濃さ」についてお話するのですが、ご存じの方はこれまでに一人もいませんでした。

私の言う「オリジナルの視点」というのは、たとえばそうしたちょっとしたことなのです。さらに、最近はモバイルオーダーのやり方をスタバで覚え、各所で活かしています。

こうした、ご近所さんからの情報はとても大事で、身近なことに明るい人はしっかりと地に足を着けて生活している、という印象を持たれます。

ですから、最寄り駅のショッピングモールに立ち寄れば、必ずスタッフの皆さんと会話を持ちます。周りからは「木場さんは、知らないお店が無いでしょう?」と言われるほどです。

「ウクライナの関係や円安などで物価急上昇」のニュースを聞けば、翌日行った際に「ほんとに上がってるのね?」と、早速、裏付けの情報収集。ランチセットのパスタがいきなり200円上がったのは、世界的な小麦相場の上昇が背景にあり、お店としては「ただ値上げするだけでは申し訳ないので、この際、仕入れを生麺に切り替えました」というプラス材料と共にお詫びするという、現場の苦心の防衛策に納得したこともあります。

他にも、おにぎり売り場からシャケマヨが急に消えた際は、それがウクライナの影響でロシア産のサケの高騰によるものと教えてもらい、また納得でした。

こうやって自分で稼いだ情報を仕事先での会話に入れると、何かの受け売りではなく正に脚で稼いだ情報として、評価されると思います。

ちょっと気をつけて、見たり聞いたりすれば、日々の生活の様々な場面に貴重な情報源はありますし、集めた素材を自分流に〝料理〟できれば、そこにオリジナルの視点が生まれます。

スタバのモバイルオーダーから、アプリで品物をオーダーする便利さを学ぶ。

パスタの値上がりから、穀物相場と企業の防衛策を考える。

シャケマヨおにぎりの消失から、地政学と経済の関係性を知る。

——どれも極秘の筋から仕入れたわけではなく、ごく身近なお店や人から集めたものばかり。お店を、ただの「物を買う場所」と捉えるか、「貴重な情報源」として接するか、それによって皆さんの話す内容のリアリティや説得力も大きく変わってくるでしょう。

大切なのは、目の前にあるものを漫然と見過ごさず、あれこれと仮説を立てたり、ニュースで取り扱っていることと結びつけて身近に感じ、納得してみること。

それも、テレビやネットではなく、自分の脚で歩いて、行ってみて、という体験に裏打ちされれば価値はさらに高まるでしょう。

脚を使うという意味では、「ヘルメットキャスター」として（笑）、いささか胸を張れる部分があります。

これは身近というより、遠征した際の話なのですが、数年前に飛騨の山奥へと出かけました。

ある企業の環境シンポジウムのモデレーターをすることになり、同社が買収したスイスの企業が飛騨に建てた変電所を見ておこうと思ったのです。いざ、標高1000mを超える高さにある施設へ――「よくこんなに高い場所に、資材を運んで造れたなぁ」と感心するばかり。

この施設の価値についてはは割愛いたしますが、その2年後に、この経験を活かす時がやってきました。同じ環境シンポジウムに、当のスイスの会社で代表を務めていた人物が、急遽パネラーとして加わったのです。

私は先に挙げた感想をそのまま、「あんな標高の高いところに建てることに、苦労はないのですか？　スイスやヨーロッパは高山が多いので慣れていらっしゃる？」と伺うと、彼は「もちろん、お手のものです。あなたはあそこまで行かれたのですか？」と嬉しそうな顔をされました。

近所のスタバから、飛騨の山奥まで、自分の脚で集めた情報ほど頼もしいものはありません。ネットの引用やコピペが氾濫する時代だからこそ、実体験に基づく説得力は大きな価値を持ちます。

歩き回り、五感を使って集めたデータは、皆さんの話をきっと生き生きと輝かせることでしょう。

To step up!

情報源は至る所にあります。脚と五感で集め、自分なりの〝料理〟でリアルな視点と説得力を。

Q データは「伝えたいこと」の説得材料に

何事もデータが重視される時代です。単に「数字を使っただけ」から、ひとつ上のコミュニケーションを目指すには、どんな点に気をつけるべきでしょうか？

国の会議などに参加していて、私がしばしば痛感するのは「わかりやすく伝える」ことの難しさです。

たとえば、こうした会議では一般の方には到底わからない専門用語やカタカナ語が飛び交うことが多く、私などは「もっとわかりやすい表現にすべきでは？」と注文をつけることが少なくありません。

特に最近は、何事もデータが重視される時代——わかりやすさという意味では、各種の数字やデータの使い方にも、気になる点が多々あります。

一つは、その量の多さです。

会議の資料は大体、事前にメールで送られてきますが、いずれも大量で、その分量は人間の読解能力を超えています（笑）。合計100ページ以上になることはザラで、新品だった我が家のプリンタが働き過ぎで故障したことさえあります。ある省庁の資料が1000ページを超える〝長編〟になった時には、ページ数だけを写メしてブログに載せたほどです（笑）。

しかもその中身は、説明のための数字がずらりと並んだ表であったり、データを加工した複雑なグラフであったり、パッと見では要点がどこにあるか、見当もつきません。会議の席では、それをもとに事務局の担当者が説明をして下さるのですが、限られた時間に大量の数字を説明するためか、とにかく皆さん早口で、うかうかしていると（していなくても？）すぐに置いてけぼりです。

データ以前に、最近よくあるのは、データの比較の際に単位が統一されていないこと。片や平成、片や令和で、「この間、何年間空いているんだろう？」というのが、ひと目でわかりません。その間にどれだけの変化があったのかを掴みたいと計算していると、説明はどんどん進んでいくので、やむなくストップをかけ、確認します。「こういう時には、両方西暦で揃えたほうがいいのではないでしょうか？」とお尋ねすると、ハッとされて「今後も使っていく資料なので修正します」と素直に認めて下さいます。そんな風に、皆さん悪気は無いのですが、データをどう読むか、相手の立場に立つ意識が少し足りない気がして、反面教師にしています。

自分が伝えたいこと、見解の裏づけとして、適切なデータを選び、説得材料として使う。逆に、データを読み解いた上で、導かれた結果や発見をわかりやすく話し手が伝える。データを上手く使いこなせれば、あなたの説得力は増すばかり。会議資料の概要だけでも、Ａ４一枚程度にまとめられるといいですね。

ただ、注意をしなければならないのは、数字とデータに関して、これを整理・加工する際、自分の都合で誇張や歪みを加えてはいけない、という点です。

こんなことがありました。ある会議に出席した際、広報の効果に関するアンケート調査の結果が報告されました。その資料では「わかりやすかったか?」との問いに、一番多かったのは「ふつう」という回答で、赤色の囲みでそこが強調されていました。パッと見ると、一瞬、否定的な要素は無いように見えました。しかし、気をつけて他の回答も見ていくと、「ややわかりにくい」と「わかりにくい」を合わせた回答は「ふつう」を上回り、その点を指摘しました。

この場合、事務局としては、否定的な意見をできるだけ意識させまいとの配慮が、もしかすると働いたのかもしれません。確かに「ふつう」が一番多かったとしても、そこだけを紹介するのはフェアな感じはしませんね。わかりやすく「伝える」ためのデータが、多少とも恣意的にならないよう、その点には気をつけたいところです。
最近は、ロジカルシンキングやエビデンス重視の影響もあってか、数字やデータを使って伝える場面が以前よりずっと増えていると感じます。ただ、それが単に「数字を使った」というだけに留まっては勿体無い話です。折角の情報も、実感できて初めて「生きた情報」になるからです。
より良いコミュニケーションのためにも、どこを、どう読み取り、どう表現し、伝えればいいか、準備段階でじっくり考えてみて下さい。

To step up!

単に数字を挙げるに留まらず、それによって何を、どう伝えるかを意識しましょう。

相手を「ファン」にする、視線の使い方

Q

コミュニケーションにおいて「目は口ほどにものを言う」というほど重要です。視線の上手な使い方について教えて下さい。


メッセージを確実に相手に「伝える」場合、時として言葉以上に注意するべきポイントに、視線の使い方があります。

「目は心の窓」や「目は口ほどにものを言う」などの慣用句があるくらい、人と人のコミュニケーションで目、すなわち視線の果たす役割は想像以上に大きいものです。

それだけに、誰かと話をする場合も目のやり場、視線の使い方はとても重要になりますが、そこまで気を遣っている人には、なかなか〝お目〟にかかることがありません。それならば、時には言葉以上にものを言う視線のコミュニケーションも、この際、

自分のものにしていきましょう。

目のやり場は、話をする相手の人数によって、大きく2つのシチュエーションに分かれます。その第一は、打ち合わせのような限られた人数で、全ての人の顔が確認できる場合——これは、やはり相手の目をしっかりと見て話すというのが基本です。

緊張のあまりチラッ、チラッとしか相手の目を見られないということもあるでしょう。しかし、それではいかにも自信無さげに映ってしまいます。また、相手の顔を見られたとしても一部の人、ついついその中で偉い方だけを見て話してしまうのもバランスが悪いと感じます。私も経験がありますが、対面で座っているのに相手が自分とほとんど目を合わさず、他の人の顔ばかり見て話されると、とてつもない疎外感を感じるものです。反対に、私との打ち合わせのためにお越し下さった際に、隣に座っているスタッフに同じように視線を向けて話して下さる方には、その配慮に優しさや懐の深さを感じます。

私は、打ち合わせの席では、その場の方全員と目が合うよう心掛けています。具体的には、早い段階で全員に共通の質問をするチャンスをつくるのです。たとえば、飲み物のオーダーの際に「何にしますか?」、その答えに対しても「アイス? そうですよね。今日は何だか蒸し暑いですよね。私もアイスに変えようかな?」など短いコミユニケーションを取り、その時に目を合わせるのです。

目のやり場に関する第二のシチュエーションは、第一の場合より多くの人を相手にする場面です。

たとえば、社内でも大勢が集まるような会議の場、あるいは多くの人を前にしてのプレゼンなど、一人ひとりの目を見ることができないケースは、目のやり場に困るもの。手元の資料に視線を落としたままになったり、あらぬ方向をボーッと見つめるばかりで、結果、誰の目も見ることなく終わり、果たして本当に伝わったかと不安になった経験もおありではないでしょうか?

こうした場面では、第一の場合とは真逆に、自分の話を熱心に聞いて下さる方（だけ）に向かって話しましょう。私も講演会などでは実際にそうしています。「そうしています」というよりは、自然と「そうなってしまう」と言うほうが正しいかもしれません。

自分の言葉に頷いてくれたり、ほほ笑んでくれたり……何らかのリアクションをしてくれた人に、視線をロックオンしてしまうのは自然なことです。自分の話に頷いてくれるだけで「味方」という気になり、その人のリアクションで乗っていけるのです。気持ちがリラックスして心に余裕ができれば、そこでやっと視線を他の人たちにも向けられるようになります。

私は、講演会の最後に会場のお客さん全員とじゃんけんをして、最後まで勝ち残った方に自分の本にサインを入れて壇上でお渡ししておりました。不思議なことに最後に残るのは、ものすごく頷いて下さった方や投げかけに元気に手を挙げてくれた方だったのです。アイコンタクトだけであっても、接点があった方ばかり。会場に1600人いた時でも、です。目と目がつなぐご縁でしょうね。

最後に、少し上級編をご紹介します。私がTBSの新人時代に、視線の使い方という点で大きなアドバイスを下さったのが、歌手の島倉千代子さんでした。

歌謡番組の司会を多く担当する先輩アナウンサーに連れられて、彼女の楽屋へ行った折に伺ったお話です。ファンというのは、目を合わせて自分の存在を認めてほしいと願うもの。そんな気持ちを察した島倉さんは舞台から会場へ向けた視線で工夫をなさっていました。最初は一番左奥から右横にすっと動かし、今度は左手前に向かって斜めへ、そしてまた右横へ——ちょうどアルファベットのZの字を描くようにしているとのことでした。いわば、視線で面をカバーする〝Z視線〟ですね。

舞台からは客席は暗く、お客さんの顔は見えませんが、ファンからすれば島倉さんと目が合ったように感じて、きっとご満足されたに違いありません。国民的歌手ならではの深い配慮に、プロ魂と優しさを感じたのを覚えています。

To step up!

その場の人数と状況で、上手に視線を使い分けると「聴いてもらえる」空気が生まれます。

パワポ1枚に1分、が理想

Q

話すスピードというのは、自分では案外わからない部分があります。「速過ぎ」「遅過ぎ」にならないための目安はありますか？

相手に「伝わる」ことを第一にした場合には、話し方そのものにも注意しておく必要があります。

ここでは、話すスピードについて考えてみましょう。

前に、データの扱いについての項で、審議会などの資料が膨大で、しかも、説明が早口で置いてけぼりになりかねない、とお話ししました。

人間の脳には処理速度の限界があり、たとえばテレビ画面の字幕にしても天地左右に目一杯入っていたら、表示している時間内に到底全てを理解することはできません。

見たり、聞いたりするインプットと、脳での理解の間には必ず〝タイムラグ〟があるからです。

また、グラフを出された場合など、「えーっと、横軸の単位は何で、縦軸は?」という確認から入りたいのですが、説明者はわかっているので、そんな説明も飛ばしてどんどん先にいってしまうため、脳はついていけません。同じように、講演などで聞いたことのない専門用語に「え?」と戸惑ったり、資料の数字の意味するところがすぐにはわからなかったりすると、そこで思考がストップして、その先を追いかけることができなくなります。

それだけに、伝える際の説明のスピードは相手の理解が追いつけるよう、特に〝速過ぎ〟には注意が必要です。

そこでお勧めしたいのが、プレゼンなどの際に用意するスライドの枚数を、発表の持ち時間から割り出す方法です。

資料の分量で、私の記憶に残っている最高記録は、自治体の首長がたくさん登壇されたパネルディスカッションでのこと。持ち時間5分のプレゼンタイムにパワーポイントの資料を50枚も持参された方が、何人もおられました。

本番では、スクリーンに映し出される資料が5〜6秒に1枚という猛スピードで切り替わり、ご本人のお話もどんどん早口に。最後は端折って、スライドを飛ばし出しました。折角の素晴らしい内容が客席の皆さんに十分に伝わらず、とても残念だったのを覚えています。また、スライドを飛ばす作業というのは、聴講者からすると「見損なった」という感覚になるので、プレゼンによって情報を「得た」というプラスの面と、「見損なった」ストレスというマイナスの面の両面あって、複雑な気持ちになってしまうものです。

私も講演の際には、パワポを用意して臨みます。大体1時間から1時間半の講演が多いのですが、使用するスライドは30〜40枚程度です。単純計算では、1枚当たり1分半〜3分になります。もちろん、パワポ無しでトークする時間もありますが、それでも1枚に1分は取るようにしています。講演中、熱心にメモする方が多いので、そうした時間も取れるよう配慮します。話し終わった途端ではなく、ひと呼吸おいて次のスライドに進むようにするのです。

それでも間に合わない場合は、「休憩中に、このスライドを出しっぱなしにしておきますよ」や、「終了後もこのページを出しておきますね」とお声がけをして先に進ませていただきます。さらに最近は、資料が写メしても差し支えないものであれば、撮影していただくのも効率的な手法としてお勧めします。

ここまでのご提案は、プレゼンなどの持ち時間が決まったら、それに合わせてパワポ資料の枚数を決めるという手法です。

一方、通常は自分の伝えたいことが先にあって、あれもこれもと盛り込んでしまい、それが50枚になれば、その枚数に合わせてスピードアップしてしまうため、早口で聞き取れない、パワポを目で追いきれない、時間切れで尻切れトンボだ……といった、負のスパイラルに陥ってしまうわけです。

そうではなく、先に「持ち時間÷1分」で理想の枚数を弾き出す。その枚数を基本に、スライドを精査し構成する。それくらい思い切って取り組んでみると、伝えたいこと全てを余裕を持って伝えられるはずです。

ここで気をつけたいのは、枚数を減らそうとするあまり、もともと2枚だった資料を1枚の画面に詰め込んだりしないという点。それでは画面がビジーになって、ますます理解できなくなります（時に4枚を1枚に盛り込む方もいますが、文字が小さくて読めません！）。

これまで何度も繰り返してきましたが、コミュニケーションというのは伝える相手に寄り添ってこそ、最大の効果を挙げるもの。ここに紹介したパワポの枚数を目安にした方法を続けるうちに、ご自身にとってもベストのスピードも掴めるでしょう。思い切って捨ててみると、聞き手の反応が変わって、楽しめるようになるはずです。

To step up!

パワポ1枚に目安1分、時間の余裕が心の余裕につながり、話すスピードも安定します。

全てフォルティシモだと、伝わらない

Q

会話では当然のように「声」の調子も大きな要素だと思います。大きさ、高さ、強弱など、注意すべき点はどこでしょうか？

「伝わる」ための話し方、続いては声そのものの表情——トーンや声量、強弱、間の取り方などについてお話しししたいと思います。

最近、アナウンスの場面、特にスポーツの実況などを聴いていると、以前に比べて声が高く、絶叫型のものが多くなったという印象があります。これには、中継そのものがショーアップされたり、パブリックビューイングなどでたくさんのファンが一体になって観戦する機会が増えたりしたこともあると思いますが、試合開始直後から最後まで高い声を張り上げ、叫びっぱなしの中継は、聴いていて少々疲れを感じることもあります。

高い声を出しての絶叫調を続ければ、どれだけ喉の丈夫な人でも少なからず声が割れるのは当然です。その分、聴き取りづらくもなりますし、音楽で言えば、譜面の全てにフォルティシモ（極めて強く）がズラーッと並んでいる感じ。一本調子で、どこが聴きどころなのかわからないのでは、「伝える」べきことも十分に伝わらないことに。

また、それとは逆に、あまりに高低の差をつけ過ぎる話し方は感情的（ヒステリック）な印象を与えがちで、一生懸命話しているうちに、つい高圧的になったり、喧嘩腰に取られたりする恐れもあり、要注意と言えるでしょう。

そもそも、必要以上に声の表情を無理に変えて話す必要はないのです。

それよりも大切なのは普段の落ち着いた声で、スピードは早口にならずゆっくりとメッセージを大切に伝えようとする気持ちで話すこと。その上で、特に聴いてほしい重要なポイントは「間」と「強弱」を意識して話すと、相手にはしっかりと伝わります。

具体的には――

「相手に伝えるために大切なのは☆☆**寄り添う**という意識です」

この☆の部分に間を置くようにする。1秒くらい黙ってから、ゆっくりと強く「**寄り添う**」と口にすると相手の印象にしっかりと残るでしょう。☆の溜めに、聞き手は

「ん、答えは何だろう?」と考えてくれるからです。こうして、相手の興味を高めることにより、注目してもらえれば大成功です。

ここでの「強く」とは、大きな声を張り上げるというより、よく通る声というイメージで、はっきり「伝える」ためには大切な点と言えます。男性はほとんどの方が自然に腹式呼吸をしていますので、普通に話していても比較的よく通るのですが、女性の場合はどうしても喉先だけで話す場合が多く、無理に声を出して裏声になったり、不安定になったり、聞き取りにくいことが多いようです。

腹式呼吸については、私もＴＢＳに入社した新人時代は最初、全くできず、泣きたい思いでいっぱいでした。研修で半年間みっちり指導をされて、どうにかこうにか習得できました。確かに、喉にだけ頼っていては、90分の講演ではとても声が持ちません。ただ、ここで腹式呼吸の方法について詳しくお話しすると、とてもページが足りませんので、ご容赦下さい。自分の本当の声を探す方法、そのヒントとしては、低い声で「アー、アー」と声を出していくうちに、喉に負担がかからない、喉を締めないで済むと感じる箇所があると思います。そこがあなたの音程で、その時の喉が緩んだ感じを覚えておくといいでしょう。楽に話せるはずです。

さて、もう一つ、声を出すという点では滑舌という面も、気にされる方が多いと思いますが、前にも話したようにプロの話し手ではない皆さんは、途中で噛んだり、発音が不明瞭な場合、「やり直します」で大丈夫。

ただ、朝一番で話す時などは、口の周囲の筋肉が十分にほぐれていませんので、出社前にチューインガムを1枚噛んでおくと、ウォーミングアップになります。新人時代、早朝のニュース番組に向かう車で、私も毎朝4時台にガムを噛んで顎の動きを良くしていました。トラック運転手さんに人気のTBSラジオ『歌うヘッドライト』を聴きながら（笑）。最近のガムには、気持ちを落ち着かせたり、吐く息をきれいにしたりする効果のあるものもあり、バッグに常備しておくといいですね。

To step up!

高低や声量よりも、間と強弱――重要な箇所は一瞬、間を置き、ゆっくり強く話しましょう。

Q

敬語も変わる？大切なのは敬う心

日本語の場合、敬語の使い方はハードルが高いものです。ビジネスの場では、どの程度まで意識しておけばいいのでしょうか？

ビジネスなどの改まった場面で話す際、日本特有のハードルになるのが「敬語」という存在です。

敬語とは、その名の通り相手を「敬っている」ことを示すため、1000年以上の長い年月をかけて構築されてきたもので、誰しも学校で習ったはずですが、正しく使うとなると本当に難しい。私もビジネスの場では敬語のオンパレードとなっていますが、時々「これで大丈夫……だよね？」と不安になることも。

この際ということでネットを検索し、敬語の基本を調べてみると――

「敬語には大きく分けて『尊敬語』『謙譲語』『丁寧語』の3種類があります」と書いてあり、それぞれが以下のように説明されています。

尊敬語＝相手や第三者の行為や人物そのものについて、その人物に敬意を表して表現するもの。

謙譲語＝相手や第三者に敬意を表するために、自分自身や自分の行為をへりくだって表現するもの。

丁寧語＝相手に対して丁寧に表現するもの。

使い分けのポイントとして、尊敬語は相手側とその行為を言う場合（相手側を上げる）、謙譲語は自分側とその行為を言う場合（自分側を下げる）という区別があるのだとか。ただ、自分を下げると言っても、自分だけではなく、時には身内にも使わなければなりません。

若い社員の方とお話をする際に一つ、気になるのがこの点です。電話で「部長さん、いらっしゃいますか？」と聞くと、「はい、いらっしゃいます」とお答えになることがあります。部長さんが自分にとって目上の方なので、尊敬語を使いたいのはわかりますが、ここは謙譲語で「おります」とするのが正解です。

しかし、とっさの場合に「あれ？　どっち？」と迷うことはあるでしょうし、それが気になって肝心の「伝える」という点が疎かになったり、そもそも人前で話すことがイヤになってしまっては大変です。

ということで、この本では「敬語はあくまで努力目標！」という大胆な宣言をしてみたいと思います。

社会人である以上、またビジネスの場面では、敬語を使うのは最低限のマナーという認識には全面的に賛成。その一方で、時に間違えたり、おかしな言い方をしても、敬う心があれば、良しとしようではないか！というスタンスです。

敬語の使い方については、その昔から先輩たちも苦労したり、時には恥をかいたりを積み重ねてきたことでしょう。江戸人の英知が詰まった古典落語にも、シモジモの者が武士相手に「おこんちはで、おったてまつるでござる」なんて連発する場面が出てきて、身分不相応のその言葉遣いに爆笑しつつも「あるある」と共感する気持ちが湧いてきます。

特に若い人たちは、あまり堅く考え過ぎず（堅くなるほど、間違える恐れも倍増）、失敗したら「失礼しました」と言い直し、笑われ、恥をかくのも勉強と思えば、気が楽になるでしょう。ここで、上司の方にお願いしたいのは、そういった間違いをした場合には、後でそっと気づかせてあげてほしいということです。そうしないと、ずっと間違いに気づかない可能性もあります。これは、身内にしかできないことなので、ぜひお願いしたいのです。

兎にも角にも、肝心なのは、相手に対する「敬い」の気持ちをしっかりと持つことで、そうすれば間違ってもぞんざいな言葉つきにはならないはず。丁寧な言い方さえできていれば、最低限、相手を不愉快にすることはないと思います。

たとえば、最近よく使われる「させていただきます」「〜になります」などは、日本語としては明らかに間違いかもしれませんが、これだけ日常に流布、浸透してしまうと、いちいち指摘していては精神衛生的にも良くないでしょう。試しに「させていただきます」を、本来の言い方である「いたします」に言い換えてみると、以前より何となくキツく感じられる気がします。

話すことを生業としている者が、このようなことを言ってはいけないとは思う一方で「言葉は生き物だから、時代の変化、社会的認知に応じて変わるのも仕方ないかな」とも考えるのです。

実際、私など全くついていけない若者言葉ですが、少し前に『オタク用語辞典　大限界』なる本（「限界オタク」と辞書の最高峰『大言海』をかけたとか）が出たということで、内容を確認してみました。

その中に「けしからん」という、私にもわかる言葉を見つけて安心したところ、この場合は他人に対して叱るのではなく、逆に褒める時に使うということで驚きました。叱る素振りを見せつつも、本心ではもっと見たい、という時に使う表現で「けしからん！ いいぞもっとやれ！」と使うそう……。うーん、勉強が足りなかったようです。言葉は本当に生きていますね。

いずれにしても、正しい敬語を目指しつつ、もし間違ったらそこで学んでいく姿勢が大切ですね。ちょっと、おかしいなぁ、と気づいた方は優しく「ご指導のほど、宜しくお願い申し上げ奉りまする～」（笑）。

To step up!

敬語は時代に応じて変わる部分もあります。まずは相手を思う「丁寧」な言葉遣いを大切に。

雑談は潤滑油、気楽な内容で気負わずに

Q

特に若い人たちの間に、ビジネスの場での「雑談」が苦手というケースが増えているといいます。木場さんにとって、雑談は重要なものですか？

先日、書店のビジネス書コーナーへ行って、少し驚きました。「雑談」と名のつくタイトルがずらりと並んで、一つのコーナーをつくっていたからです。

かつて、私の学生時代などには「雑談」と言うと、取り留めの無いお喋りと捉えられ、あまりいいイメージはなかったのですが、これも時代の変化なのでしょう。何冊かを手に取ってパラパラとページをめくっていくと、ビジネスにおけるコミュニケーションの場で、本題へスムーズに誘うためには、とても重要だと書いてあります。「はい、その通り」と頷く一方、今や「雑談」にまでノウハウが求められる時代にな

ったのか、と感慨深くもありました。

この本の最初のほうで挨拶の重要性について触れたように、相手と対話をする際にはいきなり本題へ入っていくのではなく、互いの間に共感を生み出すのが大切なポイント。雑談もまた、そのために大いに役立つ方法であることは間違いありません。

聞いた話では、警察で容疑者の取り調べをする際など、事件と直接関係の無い雑談に応じてくるようになると、ほどなく供述が得られることが多いのだとか。それとはかなり違いますが、私の仕事でも、まずは天気の話や最近のニュース、共通の人物の話題などで、話しやすい場の空気をつくることから始めるのが常道です。

自分にとってはごく当たり前のことですが、確かに雑談は本題でないだけに、台本も無い、フリートークなわけで、何を話したらいいかと悩む人が多いのは頷けますね。

原因はいろいろ考えられますが、一つには若い人の中に「スベる」ことへの恐怖にも似た感情があるとも聞きます。

雑談となると何か気の利いたことを話し、「ウケを取らないと」というプレッシャーで、「スベったらどうしよう」と委縮してしまうケースがあるのかもしれません。

少なくとも仕事におけるコミュニケーションの場では、そんな無理をする必要は全くありません。以前にも書いた通り、身近な話題、さりげない話、そうした中で相手との共通点や結びつきをアピールできるなら上出来で、特別に面白い話やアッと驚くようなネタを仕込む必要は無いのです。

そもそも私の経験では、「面白い話があるんです」と大げさに前置きをした場合に、それが本当に面白かったことは残念ながらほとんどありません（笑）。

たとえば、こんなことがありました。

ある打ち合わせで初めてお会いした方から、いきなり「木場さん、とっても面白い話があるんです」と切り出され、「えー、何ですか？　楽しみ」と思わずワクワク。ところが、その方は「最後にお話しします」と勿体ぶる。余程の内容なのかと、期待値が上がったのですが……やっと伺えた内容は「実は、姉が高校で木場さんと同じ学年だったんです！」とのことでした。お名前も教えてくれたのですが、同学年に３００人も生徒がいましたし、クラスも違ったので、残念ながらお姉さんを覚えておらず、こちらも申し訳なくて恐縮してしまい、何となく微妙な空気が流れてしまいました。

この場合、その方が「面白い話がある」と自らハードルを上げずに、さり気なく「ご縁」として話して下さったらどうだったでしょう？　「私も千葉県の出身で、実は私の姉が木場さんと同じ高校で同学年だったんです。姉は木場さんのことを当時から存じ上げていたそうです」と言った上で、もし私が覚えていなかったことも想定してリスクを回避。「覚えてますか？」と突っ込まず、「違うクラスだったのでご記憶に無いかもしれませんね」ぐらいに留める。覚えていなくて申し訳ない、とこちらに思わせることを避けるような気遣いがあるといいかな、と思いました。互いをつなぐご縁があることさえわかれば、親近感が湧くので、それでいいのです。そして、こういった話は、初対面の場合は最後でなく、ぜひ最初に。打ち解ける材料にもなって、その後の打ち合わせもスムーズに進みます。

私は、打ち合わせの前後に必ず雑談をします。たとえば、社外役員をさせていただいている企業の方が、毎月、取締会の前に事前の説明に来て下さいます。こういう場合は、前の雑談は短く。なぜなら、先方は限られた時間の中でしっかりと説明を終えることを大きな使命としておりますので、私が長々話すと、後ろの時間が気になって気が気でなくなってしまうからです。雑談をする時は、相手の状況も見極めなければなりません。

その上で、もし時間が残った場合には、大いに雑談をいたします。先日は、有り難いことに15分も残ったので、ご説明の議題とは関係の無い、その企業の別の事業で気になること、最近のサービスについて、また、印象深い社員のことなど、社外の者としてその企業を把握するために、ざっくばらんに伺いました。また、私のほうからも、最近の自分の活動などを紹介することもあり、時にお知恵をいただくこともあります。これらは、非常に意義のある時間です（むしろ、雑談こそ重要！と思うほど）。そうそう、私が非常にお世話になっている企業トップの男性とは年に1回、「雑談の会」と称してアフタヌーンティーの時間を持っています。話題がどんどん広がって本当に楽しく、新鮮な情報を交換できてとても有意義です。

雑談は、特に触れたいトピックがあれば、あらかじめ準備をしてもいいですが、あまり気負わず、お相手の服装やその場で感じたこと、気になることなどを糸口に気楽なトークで十分だと思います。要は、お互いの空気が和めばそれで良し、ということです。

To step up!

ウケをねらう必要はありません。身近な話題で、場の空気をつくることを目指しましょう。

Q 精神論だけでは、人はついてこない

いわゆる〝日本型〟のリーダーには、コミュニケーションにおいて「気合い」と「根性」の精神論をいまだに通そうとする人がいます。そうした傾向について、どうお考えになりますか？

言うべきことを「伝える」という点において、ビジネスの場でのリーダーの役割は非常に重要です。

中でもチームのメンバーに対する指示や伝達、さらに指導や支援などの場面では「対話」の力が、全体の成果を大きく左右すると言っても過言ではないでしょう。

一方で、そのコミュニケーション、対話の方法が時代と共に大きく変化して然るべきであることは、意外に意識されていません。そのため、メッセージを伝える側と受け取る側にギャップが生じ、残念な結果につながる例も多く、その最たるものがパワ

ハラなどに代表されるハラスメントとして顕在化しているように思えます。

現在、企業トップにある50代、60代の方の子ども時代はおそらく、昭和のテレビドラマで育った世代。いわゆる〝スポーツ根性（スポ根）もの〟が多く、実際に各種競技で活躍したスター選手の皆さんも、それを体現するような根性の持ち主ばかりで、その武勇伝に感動したものです。そうした幼少期を過ごした上に、社会に出てからは昭和型リーダーの叱咤激励にシゴかれ、その影響から今も抜け出せないままという人も多いのではないでしょうか。

当時、ビジネスの場は今よりもさらに男性中心の世界で、年功序列の人事システムのもと、社内のコミュニケーションはもっぱら上意下達の一方通行。そこでの価値観はと言えば、何より「気合い」と「根性」の精神論が重視されました。

しかし、今や時代は令和。

「失われた」と言いつつも、30年という時間は、この国と社会の様々な部分を変えたことは間違いありません。ダイバーシティの意識が定着しつつあり、年功序列の崩壊に伴って多くの企業組織が垂直方向のピラミッド型から、水平方向のフラット型に変化。ビジネス自体も多国籍化、多目的化、バーチャル化するなど、かつてとは比べものにならないほど複雑になり、もはや単線的な「気合い」と「根性」の連呼では通用しなくなりました。

もちろん、多くのリーダーたちはそうした変化を踏まえて、自らも変わろうとしておられますが、一部の人たちはなお「自分たちもそう教わった」「黙ってついてこい！」と旧態依然の「気合い」と「根性」型のコミュニケーションを押しつけてしまう。そこに世代間のギャップが生じ、今なおハラスメントなどの問題が続発してしまう残念な土壌があるのではないでしょうか。

では、それらに代わる、現在の価値観とは何なのでしょう？

それはずばり「説得」と「納得」、そして本書でも再々お話ししている「共感」だと、私は考えています。

対話を通じ、論理的に筋の通った「説得」と、それに対する心からの「納得」、「伝え、伝わる」双方向のコミュニケーションが「共感」を生んで、チームの力を最大にする。その意識を持たないことには、メンバーが進んでついてくることは無さそうです。

実際、教育の面で見ても、少子化の影響もあって若い世代ほどきめ細かく、多様なサービスを受けており、その分、指導や指示をする相手への視線はシビアです。そんな彼らに、考えることを放棄して一方通行の「気合い」と「根性」を押しつけては、冷たく拒絶されるのも想像に難くないでしょう。個性重視を第一に育ってきた世代へ

「献身」や「自己犠牲」を強いるのは彼らにとっては理不尽なことで、自らを含めた一人ひとりの力をフルに発揮して全体としての〝和〟の力を最大化するよう、指導、支援する姿勢が求められています。

仮に、「気合い」と「根性」の押しつけが成功したとして、そこには、指示通り一糸乱れず動くチームは育つかもしれませんが、メンバー個々が臨機応変に考え、行動する力は、おそらく生まれません。先に挙げたように複雑・多様化した現代のビジネスにおいて、そうしたチームが果たして生き残っていけるでしょうか?

変化は、かつて「気合い」と「根性」の本家本元だったスポーツ界にも、確実に訪れています。

野球の世界では、昨年のＷＢＣで見事、世界一を飾った栗山英樹監督の指導法が注目を集めました。選手の自主性と個性を尊重しつつ、全日本というチームにおいて必要な個々の役割をさり気無く伝えていたように思います。

それから、ファンに対するコミュニケーション強化を通じてチーム力を大きくアップした横浜ベイスターズ、広島東洋カープの球団運営。陸上界では、監督就任以来20年にわたりメンバー同士の自主ミーティングを徹底し、「箱根駅伝」で6度の優勝、今年も見事に勝利した青山学院大学の原晋監督など……時代に合わせたコミュニケーションを重視することで、大きな成果につなげている例が増えています。

誤解しないでいただきたいのは、私は何も昭和のコミュニケーションを悪、令和のそれを善、精神論などまるで不要と言っているわけではありません。そこにあるのは時代の違いであり、社会という〝ＯＳ〟が変わった以上、そこで用いる〝アプリ〟もまた変えていく必要がある、ということです。一方、単なるノウハウに終わらない、心を伴ったコミュニケーションを実現するために、「心」すなわち精神面への配慮は大きな支えとなるでしょう。

だからこそ、一方通行の「俺についてこい」からの脱却を願うのです。

しかしながら、かく言う私もどちらかと言うと体育会系で、ハキハキと挨拶をし、俊敏な動きで仕事をこなす体育会系の人は大好きです。自分自身もバスケットボール部にいた経験から、目上の人を敬うことも当然と思っています。たとえば、メールのやり取りは、目上の方で終わってはいけない、最後は若い方で終わる、などなど。

リーダーの皆さんにとっては、確かに大変な時代でしょう。半面、コミュニケーションのあり方を工夫することで、素晴らしいチームづくりが実現可能ということは、大きなやり甲斐にもなり得ます。そのプロセスにおいて「伝え方」や「話し方」を工夫し、「説得」と「納得」そして「共感」が得られるよう努めてみてはいかがでしょうか？　言葉の力をフルに使いこなし、対話による良きチームづくりを目指すため、この本の内容がリーダーの皆さんに少しでも役立つことを願っています。

To step up!

「気合いと根性」から「説得と納得」へ、リーダーシップの発想を変えてみませんか？

Chapter

5

ピンチの時、この話し方があなたを助けます

謝罪はスピードとプロセスに尽きる

Q 個人の失敗や企業の不祥事などの際、真摯なお詫びを伝えるには、どんな点に注意すべきでしょうか？

仕事をしていて困る典型的な例として、先方が約束の期日を守ってくれないことが挙げられるでしょう。こんな経験はどなたにもおありだと思います。原稿や資料など、仕事の上で必要なものが届かないと困ってしまい、私もこういう時に結構、ストレスを感じます。ただ、結果、期日を守られなかったとしても、プロセスによって受け手の感情は随分と違うものです。

一番理想的なのは、約束に間に合わないとわかった時点で、その旨をいち早くお知らせし、お詫びした上で見通しをしっかりお伝えすること。もし、間に合うかどうか微妙な状況だった場合でも、最低でもその日の夕方5時ぐらいまでには、一報を入れるべきでしょう。そこに、やむを得ない理由もつければ、相手は誠意を感じて理解を示してくれる場合が多いと思われます。

よくあるパターンの困ったちゃんは、夕方までに「今日は送れない」という連絡が無いので、「きっと、遅くなるけど入るんだろう」「あまり、催促してはいけない」と、ただひたすら待っていると、夜になってから「今日は送れません」とメールが入る。あら、今日入る前提で明日、その資料をもとに他者と打ち合わせの予定を入れているのに……(ガーン)。こういうこともまま、あります。その場合でも連絡があって謝罪があれば、仕方ないなぁ……と思いますが、最悪なのは期限の日に全くの音信不通の人。こうなると、この方と信頼関係を保つのは難しいですよね。

誰にもやむを得ない事情というのは発生しますから、そのような場合に決して責めるつもりはありませんが、せめて間に合わないことだけは、いち早く伝えるのがコミュニケーションの上で最低限のルールでしょう。

最近は、企業の不祥事が発覚する例が後を絶ちませんね。こうした場合も同じように〝プロセス〟が大事だと強く感じます。起きてしまったことはそれとして、いかに早く火消しをし、事態を収束へと向けられるかは、その企業の「伝え方」に対する姿勢をはっきり示す正念場となるのではないでしょうか。

しかしながら、その正念場を上手に乗り越えられる企業の例はあまり見かけず、かえって事態を悪化させ、とめどない炎上からブランドの棄損、さらには崩壊へと至るケースが目立つように感じます。

不祥事や事故が発覚・発生した際、何はともあれ記者会見を開いて、できるだけ早く「謝罪」をすべきでしょう。謝罪会見というのは、裁判の弁論のように身の潔白を主張するというよりは、社会（世間）に対して誠意ある行動・態度を示し、いち早い事態の収拾に努めている、という姿勢を知ってもらうことが最大の目的だからです。

今や、ネットでの言説は刻々と広がっていきますので、この初動段階で後れを取ると、挽回は容易ではありません。責任者には「すぐに謝罪せよ」との要求が怒濤のように押し寄せてきます。そうした圧倒的な声の前にためらいは禁物です。たとえ、自分たちに何らかの言い分があるにせよ、それを釈明することよりも、まずお騒がせしたことへの「謝罪」の意思を示すのが第一です。

こうした場合、大半の企業側はしばしば「結論が出てからまとめて報告しようと思っていた」という決まり文句を使います。しかし、最初の謝罪が遅れれば遅れるほど、取引先や顧客、株主、さらには圧倒的な世間の声はイライラを募らせ、今度は不祥事自体に加えて、遅れていることへの怒りを膨らませていくことになります。

企業社会の「何か成果が出るまでは発表できない」という悪い慣習から、謝罪会見が遅れるというのは実にまずいやり方です。

では、はっきりしたことが不明の段階で、どんな会見を開くべきか？

この場合、特に気をつけることとしては、わかっていること、確認中であること、わからないこと（今後の展開等）を、明確に分けて伝えることです。会見の前に取り急ぎ資料でお知らせする方法（プレスリリース）もありますので、両方を上手く組み合わせることが大切だと思います。

特に、確認中のこと、わからないことについては、「現段階では調査中で、詳細はわかっておりません」とはっきり伝えることです。「わかっていない」ということも、れっきとした「情報」だからです。わからないことについて、推測や個人的な見解、また希望的観測などを絶対に口にしないということも重要です。そうした発言が、あたかも事実や確度の高い見通しのように報道されてしまうことがあるからです。

会見の際は、企業としての誠意を示すためにも、経営トップ自ら矢面に立つのが望ましいでしょう。ただ、その場合に「私は知らなかった」や「一部の不心得者がやったことだ」というような、責任逃れと取られる発言は絶対に禁物です。また、報道陣から挑発的な質問が飛んだとして、不快な表情を浮かべることや、むきになっての抗弁もすべきではないでしょう。

企業にとって「剣が峰」とも言える危機管理広報は、長い目で見た場合、誠実と信頼を印象づける好機にもなるかもしれません。そのためにも、コミュニケーションの原点である相手の立場、ステークホルダーや世間に寄り添う対応が、最も重要になると言えるでしょう。

To step up!

何よりも速さが勝負。まずは謝った上で、調査の結果はリアルタイムでその都度お伝えすること。

謝罪に「ありがとう」は違和感あり

Q

ビジネスの現場で、素直に謝れない人に出会うことがままあります。木場さんが考える「正しい謝罪の仕方」について、教えて下さい。

人は誰でも、ミスや失敗をおかしてしまうものです。

かく言う私も、新人アナウンサー時代から今日《こんにち》に至るまでの仕事面、あるいはプライベートでの「やらかし」は数え切れません。そうした中で私自身、絶対に決めていることがあります。

それは、間違いをおかした場合、できる限り速やかに、簡潔な理由の説明と共に誠意を持って、「すみません」と謝る姿勢です。そういった姿勢の結果、失敗をしたにもかかわらず、ご迷惑をおかけした相手の方と一層親密になれた経験も少なくないのです。

このような例として特に印象に残っているのが、ずいぶん前の春の出来事です。ある新聞社で撮影があり、着替えやメイクのために個室をご用意いただいたのですが、それがたまたま専務さんのお部屋でした。机をお借りしてメイクさんが道具を広げ、撮影後には全て片づけて帰ったところ、後になってメイクさんから電話が入りました。「木場さん、すみません。メイク道具と一緒に、机の上にあった点鼻薬を持ち帰ってしまいました」

それを聞いて、慌てて新聞社の担当者にお電話をしたところ、点鼻薬は専務さんの私物とわかりました。ちょうど花粉症でつらい季節でしたから、職場で使われていたのでしょう。

専務さんからは「自宅にも予備があるのでお気になさらず」とのお言葉が届きましたが、こちらとしてはご厚意でお部屋を貸していただいたのに、とんだご迷惑で本当に申し訳ない気持ちで一杯に。すぐに便箋を出してお詫びの手紙を書き、小さなお菓子と一緒に点鼻薬をお送りしました。

ほどなく、専務さんからは丁寧なご返信が届き、「この件をご縁に木場さんと知り合いになれて、かえって光栄でした」という思いがけない優しいひと言。救われた気持ちがしたものです。以来、毎年の年賀状をやり取りさせていただくようになり、専務さんもお孫さんのお話を書いて下さったりして、一度もお目にかかったことは無いものの、謝罪から始まるご縁もあるのだなと、しみじみ有り難く思った次第です。

逆に、先方が謝って下さったことから始まったご縁もあります。雑誌とＷＥＢに対談を掲載するお仕事の際、窓口の男性が伝えるべき大事なことをこちらに伝えていなかったため、大きな行き違いが生じたことがありました。その折、当の男性が色々と釈明をしている横から、上司の方がビシッと厳しい言葉をかけ、私に向かって「大変申し訳ありませんでした」と謝って下さいました。その後は、全ての編集作業の窓口をその上司の方が担当。本来なら部長さんクラスの方は現場作業には関わらないものですが、責任を持ってインタビュー3本を仕上げて下さったのです。

以来、私もその方を深く信頼し、現在に至るまで他の仕事についても相談し合える関係を築けています。「禍《わざわい》転じて福となす」ではありませんが、非常にストレスフルなトラブルから、潔い謝罪がきっかけで素晴らしいパートナーシップに結びついたことには感謝するばかりです。

謝罪というのは、このようにコミュニケーションの力が最も問われる場面であり、ここで「正しい対処」ができれば、ピンチから、それ以上の信頼関係も築けます。自分のミスや失敗について、潔く非を認め、気持ち良く謝れる人には、誰しも爽やかさを感じるでしょう。事態が起こった理由（言い訳ではなく）を簡潔に説明した上で、真剣に頭を下げて「申し訳ありません」と言う姿は、ささくれ立った気持ちを一瞬で和ませてくれるものです。

しかしながら、最近とても気になることがあります。

それはご質問にもあるように、失敗をして当然謝る場面でも素直に謝らず、「ありがとう」とお礼を言う人が多くなっているという点です。若い人ばかりではなく、年配の方にも増えているようで、不思議な感じがしてなりません。私も、時にスタッフや仕事先の方のミスに気づいて、優しく、それとなく指摘する場面がありますが、それに対して「ご指摘、ありがとうございます」と返ってくるケースが、確かに増えている気がいたします。

この場合、「ありがとう」なのですから、悪い気はしませんが、でも、何だかすっきりしません。腑に落ちないのです。ここはやはり「ありがとう」の前に、まずきちんと「すみません」ではないかしら、とモヤモヤしてしまいます。

こうした対応がどこからくるのか考えると、小さなプライドだったりするのか、あるいはトラブルの印象をできるだけ小さく見せたいという妙な心遣いなのか。当の本人にも気づかない理由があるのかもしれませんが、この妙な違和感については、「おかしい」と注意することもはばかられ、私も困っているところです。

失敗やミスで謝罪をする場面は、対話やコミュニケーションの能力を最大限に発揮できる、得難いチャンスであり（なかなかそう捉えられませんが）、これをうやむやにごまかしていてはステップアップできません。皆さんは、「ありがとう」の前に「すみません」と、ほんの少しの勇気を出して言ってみて下さい。そうすることで、きっと、自分自身もスッキリするはずです。

To step up!

謝罪から始まるご縁もあるもの。潔い「すみません」は、互いに爽やかな印象を残します。

Q 話す前に立ち止まって、余計なひと言を避ける

世の中、「ひと言多い」せいで失敗するケースは少なくありません。「嬉しいひと言」と「余計なひと言」の差はどこにあるのでしょう？

私がスポーツキャスター時代のこと。

ある選手が、前夜の試合で手痛いデッドボールを受けました。ご承知のように、プロのピッチャーが投げる球は、速いものでは150㎞を超え、当たりどころが悪いと大怪我につながります。

ところが、ある局の女性アナウンサーが、試合前の練習中にその選手に向け――

「昨日のデッドボールは大変でしたね、悪化して登録抹消になったら大変ですね」

と、凍りつくようなコメントをして、そばにいた私のほうが凍ってしまいました。

毎年の成績に生活がかかっているプロの世界、彼らが最も恐れている「登録抹消」を、軽い感じで質問するとは……。

きっと、彼女にも選手を気遣う思いがあったのかもしれませんが、付け加えた余計なひと言のせいで、その気遣いは吹き飛んでしまいます。案の定、当の選手は突き刺すようなひと睨みをし、彼女はすごすごと退散する羽目になりました。

怖いのは、こうした心無いと取られかねない発言を、誰もが気づかぬうちにやっているかもしれないということです。

たとえば、同窓会などで久々に会った友だちが、以前とは見違えるほどほっそりした体形になっていたとしましょう。

「すごーい、すっかりスリムになって！　どんなダイエットしたのー？」

そんな風に声をかけた後に、別の友人から痩せた理由について「あの子、重い病気であんなに痩せちゃったらしいよ」と聞かされたら……ショックに違いありません。

余計なひと言というのは、それを言った本人に対する印象を一瞬で悪いものに変えてしまう怖い面があります。

では、なぜ余計なひと言は、飛び出してしまうのでしょうか？

一つには、相手に対する理解が表面的であることが原因です。

痩せた人を前にして、スリムになった↓ダイエット成功?↓すごい、良かった！というやや短絡的な連想に陥ると、先ほどのように、結果的には「心無い発言」と取られても致し方ない、残念な結果になってしまいます。相手の身になって寄り添う気持ちがあれば、「こんなに痩せて、どこか悪いのかな?」という心遣いが、迂闊な発言を押し留めていたかもしれません。そう、発する前にいくつかの可能性をシミュレーションする時間を持たなければならないのです。

余計なひと言が飛び出すもう一つの原因には、ウケをねらう意識が強く、調子に乗ってしまう例もありますね。

つい、リップサービスのつもりが、思わぬ波紋を引き起こすこともありますから気をつけたいものです。たとえ笑いが取れたとしても、誰かを傷つけては意味がありませんし、後悔が残るだけです。

お笑いのプロでもない限り、対話の目的はウケをねらうことではなく、相互にしっかりと「伝え」「伝わる」関係を築くことにあるのは言うまでもありません。その点をしっかり踏まえれば、残念な結果を招かずに済むはずです。

先ほどのインタビューの場合であれば、「昨日のデッドボールは大変でしたね、今、具合はどうですか?」とシンプルに言うべきでしたし、痩せた友だちに対してはむしろ特別な声をかけないことも、選択肢の一つかもしれません。誰しも自分にまつわるマイナスな話はしたがらないものですし、そっとしておくことが何よりの温かいコミュニケーションとなる場合もあると思います。

余計なひと言というのは、自分が気持ち良くしゃべっている時ほど飛び出しがち。私も帰宅してから「ああ、あれは言わなければ良かったな」と反省することもしばしばあります。勢いに任せずに一歩立ち止まり、相手に寄り添った表現を選ぶようにしたいものですね。

To step up!

表面的な理解だけで声をかけると、とんだ結果を招くことも。話す前に立ち止まって！

Q

ネガティブ発言、禁止令！でいこう

無意識にネガティブな発言をしてしまい、周囲の士気を下げる人がいます。前向きな空気をつくるためには、どうすべきでしょうか？

余計なひと言とはちょっと違いますが、良好なコミュニケーションの妨げになる言葉に〝ネガティブ発言〟というのがあります。

これは、その名の通りネガティブな空気をまき散らす言い方のことで、これが飛び出すと、その場の雰囲気はたちまちドヨーンとしたものになり、ビジネス現場であれば士気が下がって、上手くいくはずのものもそうはいかなくなります。

たとえば、会議の席などで――

「まあ、やるだけやってみれば」

「上手くいかなくても、知らないよ」

などと、ちょっと投げやりな感じで発言する人、皆さんの周りにもいませんか？

折角メンバー同士の共感が生まれて、いざ一歩を踏み出そうという時に、こんな風に言われると気持ちが萎えるのは確実です。

で、挑戦した結果、上手くいかなかったりすると――

「やっぱねー」

「だーから、言ったじゃん」

と、やはり他人事のような発言に、シュンとしたその場の空気はますますダダ下がり。

これぞ、建設的な対話を妨げる、恐るべき〝ネガティブ発言〟です。

反対意見というのは、どんな時にも大切なものですし、勢いのまま突っ走ろうとする周囲に「待った」をかける声があるのは、いいことだと思います。ただ、その場合もできるだけ建設的な表現にするよう、意識してみてはどうでしょうか？

「ちょっと待って！　いいアイデアだけど、もう少し詰めてみようよ」

「絶対成功させたいから、準備は慎重にしよう！」

表現を前向きなものに変えるだけで、場の空気はぐっと良くなるに違いありません。

この、ネガティブ表現が習慣になると、何をするにも後ろ向きになり――

「**どうせ**、やったって……」
「**でも**、……でしょう？」
「**だって**、……じゃない？」

という3つの〝Dワード〟にとり憑かれて、自分で自分の可能性を狭めることにもなります。残念ながら、こうした表現ばかりをする人といると、気分は下がる一方なので、周囲は距離を取りたいと思うはず。そう言えば、夫が現役時代は、ネガティブ発言と取れる言い方をすると、「負のオーラが漂うから、やめて、やめて！」とよく牽制されたのを思い出します。

さて、ネガティブな表現は、意外なところにも顔を出します。

「このプロジェクトは、是が非でも成功させ**ねばならない**」

「この目標は、何としてもやり遂げ**なきゃいけない**」

こんな風に、文の最後に「ならない」を使った義務の形で話されると、とっても息苦しくなってきませんか？

どうせなら、もっと前を向いて「ぜひ、成功させたいね！」「頑張って、やり遂げよう！」と、周囲や自分を励ますほうがきっと上手くいくはずです。

昨年、WBCで見事優勝を果たした栗山英樹監督の話に「やるか、やらないか、どちらかしかありません」というくだりがあるのを読んで胸に響きました。正に、その通り。「やらなければならない」と重荷に捉えたり、「やりたいけれどできない」と言い訳をしたりするのは、後ろ向きでしかありません。

自分や周囲がネガティブ発言をしているのに気づいたら、ぐるっと180度反対側に持っていって、前向きな表現に言い換えてみましょう。

To step up!

「どうせ、でも、だって」の3D、「ならない」を使った義務の形を減らして空気を前向きに。

Q

相手との関係性を壊さずに指摘できれば上級者

相手のミスを指摘する場面では神経を使うものです。耳に痛い忠告を受け入れてもらう、上手な方法はあるでしょうか？

何事につけ、人に何かを注意する、考え方や行動に注文をつけるというのは簡単ではありません。

相手の失敗やミス、過ちへの指摘は、ちょっとやり方を間違えると、折角築いたこれまでの人間関係を台無しにする恐れがあるからです。特に「空気」を大切にする日本的なコミュニケーションでは、良かれと思ったことであっても、はっきり口にするのはなかなか難しいと感じます。

この場合、私がまず大切にしているのは、自分がなぜ指摘や注意をするのか、その

「価値」や「意味」を相手にわかってもらう——という点です。

私は日常的に、省庁の会議や企業の役員会で発言する機会があります。こうした場合、どういう立場で参加するのかと言えば、国の会議であれば生活者の視点に立つこと。そして、私の仕事の面から国民に伝わるような広報的視点も大切です。企業の場合も同様に、ユーザーとしての立場、そして企業価値向上のための広報的な立場からの発言が多くなります。

そのためには、現状の課題をはっきりさせ、未来へ向けた新たな提案をすることこそ、自分の第一の役割だと考えなければなりません。会議の場では、事務局案に対して「そんな感じでいいんじゃないですか」と当たり障りの無い反応をしておけば、波風は立たず議事もスムーズに進むことでしょう。しかし、それでは自分の役割は果たしたことにならず、これから決めることに新たな「価値」も「意味」も見出せなくなってしまいます。

自分が指摘をするのは、相手に良くなってほしい、そこに新たな「価値」や「意味」を見出してほしいという「お役立ち」の気持ちが前提にあること——そうした前向きな気持ちを理解してもらうことが大切です。その上で、時には相手にとって耳の痛いことでも、外部の視点から遠慮なく伝えるようにしています。

ただし、そうした覚悟があるにしても、それをそのままストレートにぶつければいい、というわけではありません。

たとえば、誰かの意見に対しても「反対です」「おかしいと思います」などと一方的に批判をするだけでは、こちらの真意は十分に伝わりませんし、一瞬で空気が凍りついて（これは本当にコワい！）、その後の議論も決して建設的にはなりません。そうではなくて、まずは相手のことを認めた上で「この点をもう少し直したら、もっと良くなるのに」と前向きな変化を提案することが大切です。

次に、私が大事にしているのは、指摘や注意の〝順番〟です。

上司として、また同僚として、ミスや失敗など、相手にとってマイナスな点を指摘する場面となれば、よりデリケートな心遣いが必要になります。人間は悲しいもので、先にマイナスなことばかりを言われると、心を閉ざし、折角の提案にも聞く耳を持たなくなります。

それほど〝順番〟というのは大事であり、指摘や注意によって互いの間に共感を育んでいくためにも、この点をぜひ重視していただきたいものです。

上司が部下を注意するにしても、次のAとBでは言われた側の受け取り方には大きな差が出ます。

A　「君はいつも早く出社して仕事の準備をしているのは、とてもいい姿勢だね！」とプラス面を評価した上で、「あとは、会議の場などでもその積極性が出せれば最高なんだけどな」と改善点を指摘する。

B　「君は積極性が足りないねえ、そんなことでは困るな」とマイナス面をガツンと指摘したあとに、「まあ、朝は一番に出てきて準備をしてるようで、そういうところはいいけどね」とプラス面を付け足す。

――いかがですか？

Aの場合は「この人は、自分のことをよく見てくれているんだな」と嬉しく感じ、改善点も開かれた心で素直に受け止めることができます。対して、Bの場合は最初の否定的な指摘で聞く耳を持てる状態ではないので、折角の後半のプラスの評価についても「とってつけたよう」にしか感じられないでしょう。よく「飴とムチ」「Sugar & Spice」などと言いますが、コミュニケーションでもその順序は本当に難しいのですね。

もちろん、当たり障り無く「余計な指摘はせず、相手のことは否定しない」態度が平和だという考え方もあるかもしれませんが、仕事の場、大切な友人関係となると、それでは済まないことも多いですよね。ここは「一にシュガー、二にスパイス」を心掛け、せめて「ここだけこうしてくれると、有り難い！」と伝えてみましょう。それを我慢していると、結局は自分にストレスが溜まって、精神衛生上とっても悪い！と私は思っています。

To step up!

指摘する際は「前向き」な気持ちを第一に。順序はシュガーが先、スパイスは後！

Q 真意が伝わらないなら、溝が深まる前に即訂正！

対話の中で、こちらの真意を誤解されたり、納得のいかない指摘をされたりすることがあります。その場で訂正する際には、どんな点に注意すべきですか？

前の項目では、相手に対して「指摘する」際の難しさと、思いやりを持った指摘の仕方ついてお話ししました。一方、対話の場ではこちらが相手から「指摘される」場面も十分にあり得ます。

こうした場合、多くは自分にとってプラスとなり、素直に受け入れるべきですが、常にそうとは限りません。誤解に基づいての不本意な指摘をされたような時は、しかるべき対応が必要になります。

人間誰しも、自分の理解の範囲内で話したり、聞いたりするもので、そこにはしばしば誤解に基づく感情的な発言が生まれることがあります。私自身のことを言えば、これまでに会議の場や対話の席などで、それほど見当違いな指摘を受けたことは無いのですが、相手の発言に「ちょっと失礼では？」と感じる場面が無かったわけではありません。

そういう場合、まず確認するのは発言者にどんな意図があるのかという点。具体的には「それって、どういう意味ですか？　よくわからなかったので」と問い返します。そうすると、表現が不十分で舌足らずだったという場合が大半ですが、中には私の発言した意図を誤解しての反応だった場合もあります。そんな時は、丁寧に「そうではありませんよ」と訂正することできちんと理解していただき、ひと安心。

こういうことは、皆さんもご経験があると思います。さらりと受け流せるならそれでいいのですが、必要以上に辛口な指摘だったり、的外れな注意をされたりという場合は、一瞬でもムッとすることはあるでしょう。相手に明らかに悪意があるようなケースではなおさらです。

でも、こんな時に怒ってしまうと、後悔することになりかねません。一度出した言葉は引っ込められないからです。

瞬間的に湧いた怒りをひとまずこらえ、努めて冷静に相手の意図を確認してみて下さい。その上で、誤解されていると感じたならあくまで冷静に抗議をします。理不尽な言い分の場合は、それ以上こじれる前に信頼できる第三者に入ってもらうのもいいでしょう。

あくまで冷静に、決して相手と同じ感情レベルに立たないことが大切です。

一方、適切な指摘、鋭い意見というのは、コミュニケーションにおけるエンジンの役目も果たします。

私の場合、「なるほど、そういう指摘があったか」と思う場合は、「申し訳ありません、気がつきませんでした。ご指摘、今後に活かします」ときちんと認めて、お礼を言うようにしています。何にせよ、指摘を受けるのは心がさざ波立つものですが、基本、あなたを思ってのことであれば、言い方に多少のキツさやカチンとくる面があったとしても、事を荒立てない方が上手くいくものです。

実際、私がインタビューなどでお会いするトップの方は、多少聞きにくいことを尋ねられても、あくまで冷静に「ご指摘の通り」と認めた上で、先々の展望について真摯な姿勢でお答えになる方がほとんどです。むしろ、それをきっかけとして議論を深めたり、ご自身の考えを披露されたりという対応は、コミュニケーションのお手本として実に勉強になります。

相手からの辛口の指摘の裏には、前項でお話ししたように、こちらを「良くしてあげたい」という好意が隠れている場合も多いもの。それをきっかけに、お互いの距離が縮まることもあります。「あの時、あの人が言ってくれたお陰で、今がある」なんて、思い返して感謝することもあるでしょう。感情に流されず、まずは、辛口の指摘の真意を確認することから始めましょう。あくまで、冷静に、冷静に。

To step up!

辛口の指摘には感情的にならず、冷静に意図を確認し、必要であれば訂正しましょう。

Chapter

6

対話の後も、コミュニケーションは続きます

Q

スポーツ同様、ルールを守って気持ち良い議論を！

会議の場で気持ち良い議論をするには、何が重要でしょう？省庁や企業の会議などに多数参加されている木場さんは、どんな点に気を配っておられますか？

議論は、決してその場限りのものではありません。会議やプレゼンの場は、何らかの意思決定を生み出すためにあります。そこで交わされる議論やコミュニケーションの成果は、新たな対話の輪が広がる第一歩ともなるものです。

会議の場面では、それがシリアスな内容であればあるほど、激しいやり取りが交わされることでしょう。こうした場合、海外では議論は議論として捉えて活発な討論を楽しみ、会議の後はにこやかに談笑し合える仲になるとか。腹の中のものを出し合えたということでスッキリし、距離が縮まるのかもしれません。一方、日本では意見の対立がのちのち感情的なわだかまりになるケースもあり、それを避けるためにソフトなやり取りに終始するという印象もあります。

そうだとすれば、折角の議論がそこでぷっつり切れてしまったり、曖昧なまま深まりを見せずに終わったりするわけで、とても残念なことです。

私自身は様々な会議の場は、いつも次につながる討論であってほしいと思っています。だからこそ、議論の交わし方にも一定のルールやマナーが必要と考えます。

私見を言えば、会議にはそれぞれの性質があり、たとえば同じ企業で同じ目標に向かって利益追求の方策を考えるといった場合、そこでの遠慮は無用だと思います。目指すところは等しく自社の成長にあるからです。出席者はより良い「結論」へ向けて、時に侃々《かんかん》諤々《がくがく》の激しい意見を戦わせ、反対も賛成も本音で語るのが当然のことでしょう。

一方、外部へ出た時の心構えには、少し注意が必要になると思います。たとえば複数の企業が参加するプロジェクトなどの場合、社の代表として最大限まで意見を通したい気持ちはやまやまですが、相手も看板を背負っている以上、ゴリ押しをし過ぎるとそれこそ〝遺恨〟を残しかねません。

そうした場では「弊社としては、こうしていただけると有り難い」と口調はやんわり、しかし意向ははっきり伝えるべきでしょう。利益が一致しないような場では、直球勝負で攻めるだけでなく「〇〇さんのご意見も理解いたしますが、私としてはこの点はこうしたほうがいいと考えます」と、互いに相容れる部分と、相違のある部分との差異を明確にするのが肝要です。求めるべきは、「合意」にこそあるからです。

以前、ある省庁の会議では、利益の相反する2つの団体がプレゼンをしました。一方は「諸外国でもこういった規制がどんどん広がっている」と各国の事例や世界的潮流の説明を、もう一方は「そういった規制をしてみたものの反対が多くて取り止めになった例がいくつもある」と相手を牽制します。

私は、後者に対して「過度な規制の流れには私も懸念があります。では、どうして反対があり、取り止めになったか、その理由をどう分析されますか？　実情に合っていない規制だったということでしょうか？　そのまま日本に当てはまらない点があるなら、そこも教えて下さい」と質問しました。

本音としては、その点を含めてのプレゼンをしてほしいと感じました。テーマが非常に微妙な問題でもあり、正面切って相手を批判したくない配慮が働いているため、他国の例を出して、それぞれが自分に有利な点ばかりを主張するという形になったのだと理解しますが、対立点だけが顕《あら》わになり、総合的に判断する機会を逸してしまう。そんな危惧を覚えたのです。

ここまでは組織人としての議論のあり方についての話ですが、個人として様々な会議——身近な例を挙げれば、ＰＴＡやマンションの役員会などの地域の集まりに参加する場合も、相手を認めつつ自分の意見もしっかり伝えることが基本と言えます。

前にも触れましたが、欧米では、会議に出ても何も発言しなければ、その人は「透明人間」や「空気」と見なされるとか。私も会議に出席する折は必ず1回は自分の立場から発言し、役割を果たすようにしています。実際、私も企業研修のような場でお話をする機会もありますが、質問が一つも出ない時は、非常に残念です。

また、これもすでに触れた通り、会議の場に参加する際、最も大切なのは「なぜ自分がそこにいるのか」という点を意識することです。その会議の「お役に立つ」ということを一番に考え、他の方とは違った、自分ならではの立ち位置からの視点で、その会議に新たな価値を提案できたら素晴らしいですね。

皆さんもぜひ、日頃から自分の〝立ち位置〟を分析するよう心掛けてみて下さい。私の場合で言えば、日々スーパーなどで買い物をしている「消費者感覚」、キャスターという職業からくる「広報的視点」、長く環境・エネルギーの仕事をしている点から「環境性の観点」、多くのインフラ施設を実地に見ている「現場感覚」、子育てや教育行政との関わりから「教育的視点」などなど。こうした経験、体験で得られた肌感覚を取り入れて発言することにより、〝幅広子〟ならではの説得力を持たせられればと考えています。

様々な視点や意見が提示され、戦わされる会議の場において、全員が心おきなくフェアな議論をするためには、そこにスポーツと同様の〝ルール〟があるべきです。発言の際の持ち時間を厳守する、単なる感想のみに終わらないよう注意し、根拠の無い否定的な意見を控える、などなど……。これからの会議の場には、従来の司会や進行を越えた「ファシリテーション」がいよいよ求められていくでしょう。

討論の際のルールを伝え、それを徹底し、実り多い議論を実現するため、私自身も良きファシリテーターになるべく、日々、覚悟を新たにしています。

To step up!

ルールに基づき、互いの差異を論理的に整理――対立点のみの衝突は避けましょう。

Q 対話後の反省で、次へのステップアップを

話し方、コミュニケーションのスキルアップには、事後の反省も重要です。どんな点に注目しての振り返りが効果的でしょうか?

反省――とても大切なことです。

辞書で調べると、「振り返った後、それについて何らかの評価を下すこと」とあり、特に「自分の行動や言動の良くなかった点を意識し、それを改めようとすること」とあります。要は、自分の至らなかった点を認めて改善するプロセスと言えるでしょう。何事も反省無くして、さらなる成長、ステップアップはありません。

コミュニケーションにおいても、これをより良いものにしていくために、その都度の反省をきちんとしておきたいものです。ただ、言葉というのはやり取りをするうち

にどんどん出ては消えていきますし、慣れないうちは相手の話を聞くことに夢中で、終わった後で自分の言葉を思い出すのは難しいものです。

そこで、お勧めしたいのが「人のふり見て、我がふり直せ」の反面教師作戦です。

実際、他者から学ぶことは非常に多く、コミュニケーションの技術を磨く最良の教師になるでしょう。かく言う私も、対話相手の良いところは素直に真似るようにしています。「学ぶ」という言葉は、もともと「真似ぶ」を語源としているそうで、優れた点は大いに真似をし、残念な箇所は自分自身に当てはめて直す姿勢が必要です。

前にも少し触れましたように、発言の冒頭に数字を使ってポイントの数を示す習慣も、もともとは審議会に参加し始めの頃、委員の皆さんの話し方から学んだものです。

「専門の立場から、意見を3つ申し述べたいと思います」

「今のお話に対して、質問を2つさせていただきます」

発言の時間が限られた中（1人3分が暗黙のルールです）、脈絡なくダラダラと話すとすぐ時間切れになりますし、聞いているほうも要領を得ず、尻切れトンボの印象を受けかねません。発言の最初に数字を掲げれば、聞く側は「よし、1つ目が終わったから、あと2つだな」と心と耳の準備ができてメモも取りやすく、「この人は頭が整理されてクレバーな人だ」との印象を持たれるでしょう。

以後、私は会議や講演などでこの方法を真似て、「クレバーな人」と思ってもらうようにしています（笑）。

もちろん、文字通りの〝反面教師〟として、相手の方の残念な話し方に学んだ点も少なくありません。

特に、私などと比べても遥かに情報を持っておられる方なのに、それが十分に伝わってこない時など、「勿体無いな」と感じることがあります。具体的には「聞き取りにくい」「早口すぎる」「専門用語が多い」「抽象的で掴みにくい」などの点が特徴で、折角のネタが半分も伝わらない――その原因は、本書で再三触れてきた「伝える」と「伝わる」の双方向を意識していないところにあります。

自分が言いたいことを「話しっぱなし」の一方通行でなく、それを聞いた人の腑に落ちて伝わり、動機づけや行動の変容につながってこそ、貴重な情報も生きるものです。そのためには、たとえ情報量は少なくとも、①しっかり整理をすること、②確実に伝わる手法を考えること、その2つを私はこれまでの経験を通じて肝に銘じるようになりました。

貴重なお話を伺った上に、反面教師として多くを学ぶという〝作戦〟は、いささか気が引けますが、これも自らの成長のため「この人は、こちらに伝わる話し方をしているか」という観点で学ばせていただきましょう。

一方、直接に自らを省みる際、今はスマホやパソコン、録音用のレコーダーなどがあり、これらを利用すると非常に便利です。私も、コロナ禍以降は、オンラインでの講演やシンポジウムが増えました。事後はアーカイブを確認し、話し方だけでなく、所作についてもチェックしています。

この他、パソコンの中に何十種類もの「発言案」というフォルダがあり、それぞれに「国土審議会発言案」「取締役会発言案」などとタイトルを付け、その中には会議の日付ごとにＷｏｒｄのデータが収められています。各々には会議の準備段階で、質問をしたいこと、コメントしたいことを箇条書きにまとめ、コメントには自分の経験や調べたデータなども付け加えて、より立体的にアプローチするよう心掛けます。会議の当日には、その日に気づいたことや他の方の発言との兼ね合いで、準備とアドリブをミックスさせて調整するのが、長年の習慣です。

会議後は、自分の発言を振り返り、上手く伝わらなかったところについて反省し、もっと別の言い方は無かったかと探してみます。また、その日に知り得た情報などの収穫物を他の場面でも使えるよう、メモに残しておきます。

先日、ある企業で一緒に社外役員をさせていただいているお二人の男性とゆっくりお話をする機会がありました。お一人は、アメリカ人の方で、長年日本に住んでおられて日本語も堪能、しかも漢字もしっかりと読まれます。その日、一緒に視察した際に知った言葉について、きちんとスマホにメモを取っておられ、「今日新たに知った言葉」として記憶するためだそうです。もうお一人の方は、日記をつけておられ、今日学んだことや人からされて嫌だと思ったことを反面教師として書いておられる、と聞きました。1日をきちんと振り返ったり、反省されたりしているそうで、私より先輩のお二人ですが、さすがと感心いたしました。

皆さんもぜひ、ご自分に合った「反省」の方法を見つけ、そして、それを次につなげるよう整理してみて下さい。

To step up!

「学び」は「真似び」——相手の長所は採り入れ、悪い点は反面教師にしましょう。

Q 人生は運と縁とタイミングで回っている

出会いや対話を通じて生まれたコミュニケーションを継続し、その縁を育んでいくことも大切だと思います。そのためには、どんな点を意識すべきでしょうか？

人生は、運と縁とタイミングで回っている——「はじめに」でもご紹介した、私の座右の銘です。

このうち「運」と「タイミング」は、自分で引き寄せのは難しいため、最終的には神様の思し召しというところがあります。一方、「縁」というのは自分の努力次第でいくらでも育てることができるもの。最近は、メールや様々なＳＮＳの普及で、人と人とがかつてとは比べものにならないほど、簡単に結びつく半面、放っておくとすぐに切れてしまう気もしています。

その点、デジタル技術は確かに便利に違いないものの、どこか機械的という印象がぬぐい切れません。私としては、煩わしさを乗り越えた先にこそ確かなご縁ができる、と考えているからです。

我が家は結婚以来、年賀状の枚数が毎年1000枚を超えてきました。これは相当な分量であり、しかも印刷だけでは素っ気ないので、1枚1枚にひと言コメントを書くようにしています。そのため、軽い腱鞘炎になるのが年末の風物詩です（笑）。最近になって知り合った方とはメールでのご挨拶とさせていただくこともあり、枚数自体は少しずつ減って今年は600枚になりました。

確かに大変ですし、皆さんの中には、「今時、年賀状なんて古臭い、手間がかかる」と思う方もいるでしょう。ただ、年に1回、手書きの文字で交わす知らせには、たとえそこに変わったことが書かれていなくても、結ばれたご縁を確かめ合い、それが今でもつながっていることを感謝する、深い意義を感じます。

たとえば、私が大学時代、教育実習で受け持った小6だった女性とは40年近くも年賀状のやり取りをしています。年を追うごとに、大学へ進学し、就職し、結婚し、お子さんができて……と、知らせてもらうのが楽しみでした。

こんなこともあります。TBSに勤めていた頃、女子中学生の視聴者から質問のお手紙をいただき、すぐに返事を出しました。それから30年余りののち、下関で行われた講演会の際、思いもよらず、その彼女が楽屋を訪ねてくれたのです。初対面の相手は10代から40代になっていました。手には、私が出した手紙をしっかりと握り、当時の番組の音声もいまだに聴くことがあるとか。書かれた文字の温もりも伝わる、手紙ならではのご縁のつながりですね。

さらに、こちらも30年近く前のご縁です。ファッション誌の撮影でご一緒した化粧品会社のPR担当の女性とも、ずっと年賀状を交わしていました。その後、彼女は別の化粧品会社へ移られ、新製品発表会の際にはゲストとして呼んでいただき、20年ぶりに再会。そして最近、フリーになった彼女に私の仕事を手伝ってもらうようにもなりました。彼女も、年賀状のご縁が続いていなければ「30年前に会ったことのある人」で終わっていたでしょう。

「袖振り合うも多生の縁」と言いますが、ご縁というのはたとえどんなに小さくても、本当に不思議なものとつくづく感じます。それだけに、日々の仕事で結ばれたご縁は疎かにできません。

お目にかかって名刺交換をした方には、なるべく早く、できれば翌日に、お礼のメールを差し上げます。お礼は早いに越したことはありません。時には一度に10枚以上の名刺をいただくこともあり、翌日が無理でも週末には必ず励行します。こういったことが、私のささやかなこだわりでもあります。ご返信のメール内容から、私の仕事への評価が伝わってきますし、次回も連絡を取り合いやすい関係が生まれます。

名刺に関して言えば、私はいただいたものに日付だけでなく、その時の会話やその方の似顔絵（ご本人には見せられない！　笑）を書き、その場の印象を鮮やかに残すのが長年の習慣です。

以前、40代の男性と名刺交換をした折のこと。スヌーピー柄のグリーンのネクタイをしておられるのを見て、「素敵なネクタイですね、私もスヌーピー大好きです」とお伝えしたところ、「今年小学校に上がった娘が選んでくれまして」と嬉しそうにおっしゃいました。それから4年後、その方とまたお会いする機会ができ、名刺フォルダを探して当時のメモを確認し、再会のご挨拶に「お嬢さん、大きくなられたでしょうね、今年5年生ですか？」と申し上げると、「えっ？」と時が止まったようなお顔でびっくり。「どうしてご存じなんですか？」とおっしゃるので、「以前お会いした際に、1年生と伺いましたので」と返すと、満面の笑みで「うわー、覚えていて下さったんですか！」と感激して下さいました。

ご縁について考える時、私の頭にはこうした嬉しい記憶がいくつも甦ってきます。

便利な世の中になるほど、ほんのひと手間を惜しまない心掛けが、お互いの距離を縮め、何年、何十年というつながりへ育っていくのは、本当に素晴らしいことではないでしょうか。

だからこそ、お会いした後の別れ際は特に大切に、自分の気持ちを残すようにしています。

同じ時間を共有した相手の方には「楽しかった、勉強になった」とお伝えしますし、時には「こんな経験は人生初」「初めて知りました！」と本音を交えて御礼を申し上げるのが、私流です。もちろん、相手の方からそうした言葉をかけていただくこともあり、そんな時は「お会いして良かった」と胸に染み入るばかりです。あわせて「来年も（同じイベントを）よろしく」「次は○○の企画でお願いしますね」と笑顔を見せて下さると、一番のやり甲斐を感じます。そう、フリーランスにとっては、リピートが一番の評価だからです。

中には、次に会った時に「この前、体調が少しお悪かったようですが、その後いかがですか？」と、前回の会話を気にかけてくださる方もいて、その優しさや気配りには感激です。

人は誰しも、自分のことをわかってほしい、覚えていてほしいと願うもの——だからこそ、これからも、そんな機会を大切にご縁を結びたいと思います。

To step up!

人と人の結びつきは、煩わしさを乗り越えてこそ。何十年も前のご縁が、花開くこともあります。

Epilogue

話し方を変えれば、人生にもきっと良い変化が

Q 対話を通じ、感じる喜びを噛みしめて

長年、話すお仕事、聞くお仕事に携わってこられた木場さんにとって、最もワクワクし、幸せを感じられるのはどんな瞬間でしょうか？

この本を通して、局のアナウンサーとして過ごした6年間。そして、フリーランスとなってからの30年余りの様々な記憶が、次々と脳裏に浮かびました。改めて感じたのは、話し方を変えることは、正に生き方を変えることであり、そのために挑戦し続けることが、本当に大切だという点です。

コミュニケーションの世界に身を置いてきたお陰で、ワクワクする瞬間に数多く巡り合えたことは、私にとって最大の幸せと言えるでしょう。

「話す」立場の仕事では、講演会など一期一会の聴講者の方々にしっかりと伝わった

と感じる時、何よりの喜びを感じます。

「今回はこれとこれを伝えよう」と決めたことを、いかに伝えるか、アプローチの方法を何日もかけて考えた上で90分の話の構成を練り、パワーポイントの資料をつくり、と準備したことが実る最高の瞬間です。

「伝える」側として、「伝わる」ために、できる工夫は惜しみません。

今ほど環境やSDGsの話が大きく取り上げられなかった10年、20年前に、主婦の皆さんに向けて行った連続講演では、女性同士がワイワイ話せるように丸テーブルにしてもらったり、ご自身の行動から出るCO_2の量を確認していただくために全員に電卓をお配りしたり、最後には参加者ご自身のアイデアを自由に発表する場を設けたり――テレビのプロデューサーになりたい！という中学時代の夢をちょっぴり満足させ、胸を弾ませた記憶があります。

後日のアンケートで、どの会場も「ためになった」「非常にためになった」が何と99%を超え、自分の情報が相手に伝わり、明日への行動につながったことを何より嬉しく感じました。

一方、「聞く」立場では、相手の方からどれだけお話を「引き出せた」かがポイントです。

他ではおっしゃらない、とっておきの話題を自分のインタビューだけで語って下さった時の手応えは、何ものにも代えられません。

以前、3日連続でトークショーの司会をしたことがありました。大変著名な舞台俳優さん、映画俳優さん、作家さんが連なるイベントで、その事前の準備たるや、今もう一度やれと言われても「もう無理!」というほどに大変だったのを思い出します。具体的には、それぞれの方の過去の作品を可能な限り観たり、読んだりは当たり前で、インタビュー記事をチェックするために膨大な媒体に当たったり、当時はネットの情報が充実していませんでしたので、かけた手間は今では想像もつきません。

現場では、ライブで何百人というお客様を前にしての連夜の本番。ギリギリまで準備を続けるため、お一人が終わるとその後、ホテルの部屋にビデオデッキを持ち込んで作品を観るという具合に、1カ月間は寝る時間以外、その仕事で正に頭はいっぱいです。台本に書かれていることは最低限の前提ですので、そこからどれだけプラスαを引き出せるか――こうした苦心が報われて成功した時には、無上の喜びとやり甲斐を感じます。

このように、コミュニケーションというのは手をかけると、その分、より良いものになる可能性がぐんと高まる半面、通り一遍にすれば味気無いものにも。

聞いた話では、会社を辞める際の連絡をＬＩＮＥのひと言で済ませるケースがあるそうで、これには驚きました。当人としてみれば、煩わしさを避けたいということでしょうが、前にもお話ししたようにご縁というのは煩わしさの先にしっかりとつながるもの。会社は辞めても、またどこかで力を借りたいと思う場面があるかもしれません。そこで、いい関係が続いているのと、そうでないのとでは展開も大きく違いますし、元の同僚が後日、自分だけの貴重な「コメンテーター」になってくれる可能性だってあるのです。

これは何も、若い人に限りません。最近の私の経験でも、50を優に越えた方でも、大事なことをメール一本で済ませる人がいて、細かい仕事の段取り、何よりもその人の気持ちがわからず、困ったことがあります。

こうした方はおそらく、煩わしいことから逃げたいのかもしれません。相手との関係が悪くなると「ご縁の糸」をプツプツ切って回るようですと、人とのつながりが育つこともないでしょう。

私自身、ＬＩＮＥは便利なツールと思うものの、仕事関係では使わないようにしています。特に、忙しいタイミングですぐに返信できずに〝既読スルー〟してしまうのは、仕事関係の方に対して失礼だと思うからです。

お会いして、お話をし、それをご縁に、また素敵な時間を共有する――私にとって、コミュニケーションとは人生そのものだと、今改めて感じています。

To step up!

いかに「伝わるか」、どれだけ「引き出せる」か？
喜びもやり甲斐も、その準備から始まります。

つらい出来事は誰にもある、対話の力で乗り越えられる人に

Q

これまでのお仕事で、苦しいことやつらいご経験もあったと思います。どのように立ち向かい、乗り越えてこられたのでしょうか？

この項については、夫の経験からお話ししたいと思います。

我が家は夫婦共にフリーランス、5年先どころか来年もどうなっているかわからない生活を、30年余り続けてきました。結婚した当時は、夫が4球団も渡り歩くとは思いもよらず、故障続きで苦しむ姿に「出口の無いトンネルもあるのだなぁ……」と思ったほどです。

中日からロッテにトレードになった翌1997年、自由契約を告げられた与田は、悩んだ末に入団テストを受けることを決めました。60年という長いプロ野球の歴史の

中で、ドラフト1位や新人王を獲った選手がテストを受けた例はなく、メディアからは「プライドを捨てたのか？」という辛辣な質問を投げつけられたこともあります。

当時はトライアウトというシステムもありませんでしたが、その後しばらくして、東西1日ずつのトライアウトの機会が設けられました。「可能性が1％でもあるなら続けたい、自分がテストを受けることで後輩がもっと受けやすくなるなら嬉しい」という彼の言葉が、良い形になったようで嬉しく感じました。

そんなシステムの前は、個人的にお願いをして見ていただくわけですが、幸い、日本ハムに入団することができました。1年目は肘の手術とリハビリに費やしましたが、翌年、実に1620日（4年と5カ月）ぶりに一軍のマウンドを踏むことになります。残念ながら、トンネルは出たものの見事復活とはなりませんでした。しかし、プロ野球生活で得た「上手くいかない」という時期の経験、プロセスは間違いなく本人にとって大きな財産になったように見えます。

体験と言えば、中日時代の94年にメジャーの元コーチであるトム・ハウスさんを訪ねてサンディエゴへ夫婦で行ったことも忘れられません。トムさんとは、あの有名なノーラン・ライアンのピッチングコーチを務めた方です。前年の中日の秋季キャンプへ臨時コーチで来られた折、「もしかしたらライアンに会う機会を持てるかもしれない」とおっしゃって、アメリカでの自主トレをチーム全員に提案して下さいました。しかし、渡米したのは与田一人だけ。皆、行ってもライアンに会える保証が無い、行ったからといってすぐには変わらない、旅費が勿体無い……などなど、現実的な理由から行かないという選択をしました。

しかし、不調に苦しむ与田は、当時47歳で引退したばかりのライアンから何か学べればと決断したのです。

サンディエゴで、現地の大学を借りての自主トレが続いたある日、トムさんが笑顔で「テキサスに行こう！」と言いました。それは、与田にとって遥か憧れの剛速球投手ノーラン・ライアンに会えることを意味しました。ライアンは、ノーヒットノーラン7回、通算最多奪三振の記録を持ち、何より与田と同じく速球へのこだわりを持つ伝説の大投手。子どもたちは、大統領の名前は知らなくてもライアンは知っている、そんな方でした。その彼が日本人選手に初めて会ってくれるとあって、当初は日本からも取材陣がやって来る予定でしたが、何と直前にあのロス大地震が起こり、空港が封鎖。誰も来られなくなり、結果的に2人きりで指導を受けることになりました。

当日、誰もいない球場でライアンと与田が淡々とキャッチボールする光景はまさに映画『フィールド・オブ・ドリームス』のクライマックスのようで、ビデオを回していた私も思わず涙ぐんだほど。「僕が良くなったのは、今の君と同じ29歳からだよ」との言葉に、夫の焦りは消え、ご家族とのお食事で伺ったお話はかけがえのない宝物として、その後の現役時代はもちろん、引退後の解説者として、また、コーチや監督としての仕事を支えてくれました。

この、夢のような出会いには嬉しい続きがあります。野球解説者となった夫は10年後に、当時テキサス・レンジャーズのオーナーとなったライアンと再会。その後に彼が日本で出版した著書『ピッチャーズ・バイブル』には巻頭文を依頼された上、かつてご夫妻と私どもの4人で撮った写真まで掲載していただきました。

30年前、与田がもし不調にあえいでいなかったら、ライアンとの出会いは無かったかもしれません。その後のトレードや自由契約、テスト入団も、今は与田自身の野球人生の大きな糧になっている――その時は「出口の無いトンネル」と感じたことさえ、無駄になることは無いと痛感します。

つらいことと言えば、私自身も昨年、初めて声帯に異常が生じ、声が出せない事態に見舞われた経験は、忘れられません。「結節」という症状で、声帯にしこりができて声がかすれるのです。私のように声を出す人間にとっては〝職業病〟とも言えるそうです。医師からは、手術を検討する前に、数カ月はなるべく声を使わずに自然治癒を目指してはどうか、と勧められました。

その際、まず考えたのは、以前の項でも触れたように、今「できること」と「できないこと」を皆さんにはっきり伝えるということ。向こう半年の講演は全て延期にする決断をしました。それから、社外役員として、毎月行われる2つの会社の取締役会をどうするかと考え、正直に現状をお話しして相談をしました。幸い、どちらの企業もご一緒する監査役や取締役の方々が、こちらの状況をご理解下さり、「発言したいことがあれば、書いてくれたら私が読むよ」と言って下さったので、隣の方が読み上げて下さった内容が私の発言として記録されました。こういう時に快く手伝って下さった役員の方々の優しさに涙が出そうになりました。

この時はまた、最新の技術にも助けられ、それが有り難い経験になったのも大きな収穫です。

隣の方に代読していただく際、自筆での長文は読みづらいのではと思い、翌月の会議では、発言内容をその場でパソコンに打ち込み、自動音声による「読み上げ機能」を使ってみたのです。会議の直前には事務局の方のご協力を得て、部屋の隅々まで音が届くか、音量の調節もさせていただきました。果たして、実際の席上では非常に上手くいったものの、機械の音声のイントネーションに皆、「ちょっと訛《なま》ってるんじゃない？（笑）」と、和やかな空気に。
最近、英語のスピーチをする機会があったのですが、話題の生成ＡＩも使ってみて、色々と相談をしつつ海外でのスピーチにトライしました。声帯結節のために悩んでトライしたチャレンジが、この優秀な〝相棒〟を仕事に取り入れる良いきっかけとなったわけです。
まさに「体験に無駄無し」――その瞬間に本当の価値はわからなくても、その場その場での泥臭いトライを重ねることで、トンネルの出口にはきっと新しい世界が待っているに違いありません。

To step up!

「出口の無いトンネル」と感じることも、挑戦し続ければ新しい世界へとつながる！

Q 言い続けることで、人生にも良い変化が

世界を「分断」と「格差」が覆っていると言われる現在、それでも人間同士が対話し続けることの意味はどこにあるとお考えになりますか?

皆さんと一緒に、対話によるコミュニケーションのあり方を様々に考えてきた本書も、いよいよ最後の項目になりました。

最初にも述べましたが、この本を製作するに当たり、私が大事にしたかったのは、単なる「話し方」のノウハウ集にはしないという点です。それは、どうすれば〝上手く〟話せるかという技術的な面以上に、相手と対話すること、コミュニケーションを取ることを通じて、何がしたいのかを明確にすることが大切ではないか、という思いがあったからでした。

言葉とは、人間に与えられた最高の「武器」とも言えます。私たちが目の前の状況を動かし、変えていく上で、言葉の果たす役割は計り知れません。それを諦め、「言っても無駄」と思った瞬間から、身の回りの全ては動かなくなってしまうでしょう。

自らを取り巻く環境を変えられるのは、自分しかいません。

変えるためには、自分から言葉を発するしかないのです。

ひとりでは手に負えないことも、周りの誰かに言葉をかけ、力を貸してもらえば変えていくことができます。

そこで初めて、相手に「どう話すか」、そのアプローチが大切になってくるわけで、それを抜きに話し方のノウハウだけを身につけても、そこにはただの〝おしゃべり上手〟が生まれるに過ぎません。

対話とはただのおしゃべりではなく、その営みを通じて自分と相手の考え方や行動に変化を起こすプロセス――この本で、「伝わる」ことの大切さを繰り返しお話ししてきたのも、そうした思いがあったからです。

対話はまた、目指す変化を起こすまで、何度でも重ねることに価値があります。

一度や二度、相手や周囲に言葉を発し、結果、変わらなかったからといって、対話そのものを諦めては意味がありません。

言い続けることが大事です。

息子が2歳の時、私の地元では待機児童が150人もいて、保育園に入れるのは至難の業でした。

私は市役所の担当課に足を運び、「1人でも多くの子どもが入れるよう、早急に改善を」と要望してきました。9年間言い続けて保育園が3園新設され、担当の方からは「やっとゼロになりました！」とお知らせをもらいました。が、そこで、嬉しさ半分に「良かったですね！　でも、ウチの子、来年中学ですけどね」とチクリ（笑）。それでも、諦めずに言い続けたことで、小さなお子さんのいるご家庭の安心につながったのだから大満足でした。

仕事の面では、何事につけ〝初めて〟が多いせいか、新しい世界に飛び込んで「これは何かが違うぞ、変えなければ」と思うことがしばしばです。

社外役員となって参加した取締役会では、それまで休憩なく3時間のマラソン会議だったのを、「人間の集中力、また生理現象も考えて、90分に1回程度は休憩を設けていただきたい」と提案。皆、お忙しい方ばかりですから、メールチェックのお時間も必要でしょう。結果、認めていただいて、安心して会議に臨んでいます。

環境を変えるためには、諦めずに言葉を発し、対話をし続ける。

そこでは、自分の提案に説得力を持たせるために、次のような視点が大切です。

- **何が問題なのか、原因を追究する「課題」の明確化**
- **なぜそうしてほしいのかという「動機」の明確化**
- **最終的にどうしてほしいのかという「目的」の明確化**
- **そうすることで何が変わり、どんな便益があるのかという「効果」の明確化**

それに加えて、自分の考えが独りよがりでないか、と冷静に判断する時間も必要です。

相手の情報を十分に集め、個人であれば性格や考え方、行政や企業であれば法律やルールなどの詳細を事前に整理する。その問題への知見の高い知人などに相談するのも良いでしょう。説得材料となるデータを探すのも良いでしょう。これらの準備が不十分では、共感や合意を生み出すことはできません。

皆さんも、どうか言葉の力を信じ、対話の力を磨いて、自分と相手、それを取り巻く環境をより良いものへと変える努力を続けてみて下さい。そのためのヒントや手がかりを本書で見つけていただけたなら、これ以上、嬉しいことはありません。

皆さんの織りなす一つひとつの対話が、皆さんの身近な世界、そして、この大きな社会までも、より良いものに変えていくことを願ってやみません。

To step up!

目の前の環境を変えるために、「伝える」力を磨き、自分の「言葉」を持ち続けましょう。

おわりに

この本の校正作業が佳境を迎えた頃、少々ハードルが高いと思える仕事が舞い込んできました。社外役員を務めるエネルギー開発企業ＩＮＰＥＸさんから、同社の重要拠点である豪州・パースの会社でスピーチのご依頼がありました。３月８日の「国際女性デー」に合わせて女性活躍をテーマにした講演を、とのことでした。

これまで数多くの講演をしてきましたが、海外は初めてのこと。また、対象者の９割が外国人です。言葉の壁がある中で、ご期待に添えるかどうか不安な気持ちを抱えつつ、いつものようにでき得る限り事前の準備をし、現地へと向かいました。正に、この本でご提案したことを〝実践〟し〝確認〟する旅となったわけです。

まず、講演のお声がけには、**「できないことは最初に言う」**を実践。日本語であっても細部に渡って確実に伝えることが難しいことは、この本で良くご理解いただけたことと思います。１時間ものスピーチは、ネイティブでない私には難しいため、確実にメッセージを届けるためには通訳をつけるべき、とお伝えいたしました。

次に考えたのは、**できるだけ短時間で互いの距離を縮めること**。豪州との**ご縁に触れ、早い段階で笑ってもらう**ため、新婚旅行が豪州だったと紹介した上で「何と32年も前の話なので、この中にそれより若い方がいらしたら、私のほうが先に豪州の土を踏んだことになりますね！」と思い切ってジョークを（**外した時のためのフォローコメントも用意して**）。開始1分でドカンと笑っていただけたので、どんどん乗っていくことができました。

強く**「伝える心」**を持って、パワポも工夫。現場主義とわかるよう、6種類のヘルメット写真を1枚に凝縮。以前に視察した同社のダーウィンにあるＬＮＧ（液化天然ガス）基地での現場トップとのエピソードも**具体的に披露**。「私はＬＮＧタンカーのこのモスタンク（球状のもの）に入ったことがあります！」と、そのタンカーの写真を実際に見せて自慢したところ、彼からは「私たちはこの巨大なタンクに１００人で入ってミーティングをしたことがあります！」と返され、「負けました～（笑）」と。一気に会場は笑い声に包まれ和気藹々。こうした構成や演出が南半球でも通用し、手応えを感じた喜びの瞬間です。

「着ている服も立派な意思表示」ということで、国際女性デーのシンボルカラーはミモザ色、さらには豪州の国花もミモザだと知り、ジャケットは黄色に。ただ、どんなにベストを尽くしたとしても、文化や習慣、価値観の違いについては、推し量れない面もあります。そこは、ひと言、「今日は、私の経験を精一杯お話ししますが、何か失礼があったらお許しを」と申し添えました。**「自分の常識が万人の常識とは限らず」**です。

冒頭のトークで**空気が温まった**ところで、いよいよ、メインテーマです。皆さんもご存じかと思いますが、日本は女性の地位を示すジェンダーギャップ指数（男女格差を示す指数）がかなり低いのです。世界１４６カ国中、昨年は１２５位でした。対する豪州は26位。これだけ遅れている日本から来た私が何を話すのか？　ここにもハードルが。ところが、豪州スタッフも、日本では女性が活躍するのが難しいことをしっかり認識しているとのこと。彼らが聴きたいのは、そんな厳しい環境下でどんな苦労があり、どういった工夫をしてやってきたのかという点だと言います。その要望に応えるべく、私のキャリアの中から具体的なエピソードや気づきを披露いたしました。

そして、まとめに際しては、私たち女性が自分を取り巻く環境を変えていくための対応について、この本の最後の項目の２６４ページにある**「提案に説得力を持たせるための視点」**４つで締めくくる構成に。

さて、今回の旅では、新しいご縁を育むこともできました。講演翌日のダイバーシティ関連の会議で熱い議論を交わし、短期間で驚くほどに互いの理解を深め合えました。例によって会議の冒頭、**「わからないことは素直に聞いてしまう」**あるいは**「「WHY?」で会話を深めよう」**を実践。「質問があったら、その都度、止めても構わないか?」と尋ねる私に、「もちろん!」と答えてくれた大らかな笑顔には、正に〝百年の知己〟を得た思いでした。現地の女性スタッフたちとは、帰国後も仕事のこと、互いのこれまでの経験や今の生活のことなどを、日々メールし合える関係になっています。

ところで、パースでの講演の締めですが、会場の皆さんに日本の伝統、「一本締め」紹介し、元気良く一緒に手を合わせてめでたく終了となりました。と、その時、私の頭をよぎったのは、オスロの小学校での自分の姿です。何とか伝えようともがき苦しみながら、「花いちもんめ」や「かごめかごめ」を伝授した、あの思い出です。それが……50年後の今、パースで「一本締め」を。一瞬、時間が巻き戻ったような気がし、ああ、私にとってのコミュニケーション、対話の道は、あの時からずっと続いているんだな――と感慨深く心に染み入りました。

今回、このように、自身の対話への取り組み方について見直す良い機会を得られたのも、一瞬のご縁からお声がけ下さったＳＤＰの鈴木佐和さんのお陰です。多忙だったり、体調を崩したりで思うように作業が進まない時には、いつも温かい笑顔で励まして下さいました。そして、編集の入澤誠さん。毎回、鋭い質問で何が対話の核心なのかを気づかせて下さいました。わかりやすく工夫された編集にも感謝です。

読者の皆さんには、最後までお付き合いいただきましたこと、心よりお礼を申し上げます。今日から皆さんが「対話」のパワーを実感し、大いに「対話」を楽しんで下さることを心より願っております！

２０２４年４月

木場弘子

DTP　黒澤円
企画　鈴木佐和
宣伝　白石りさ子　藤井愛子
営業　野辺澪香　武知秀典

次につながる対話力

「伝える」のプロがフリーランスで30年間やってきたこと

発行　2024年6月6日　初版　第1刷発行

著者　木場弘子
発行者　細野義朗
発行所　株式会社SDP
〒150-0022　東京都渋谷区恵比寿南1-9-6
TEL　03(5724)3975（第2編集）
TEL　03(5724)3963（出版営業ユニット）
ホームページ　http://www.stardustpictures.co.jp
印刷製本　TOPPAN株式会社

ISBN 978-4-910528-50-2